论关联

哲学与神经科学的若干猜想

边晓春 著

中国科学技术出版社
·北京·

图书在版编目（CIP）数据

论关联：哲学与神经科学的若干猜想/边晓春著.
北京：中国科学技术出版社，2024.8. -- ISBN 978-7
-5236-0806-7

Ⅰ.B0; Q189
中国国家版本馆CIP数据核字第20245JM892号

策划编辑	刘 畅　宋竹青	执行策划	高雪静
责任编辑	申永刚	版式设计	蚂蚁设计
封面设计	今亮后声	责任印制	李晓霖
责任校对	张晓莉		

出　　版	中国科学技术出版社
发　　行	中国科学技术出版社有限公司
地　　址	北京市海淀区中关村南大街16号
邮　　编	100081
发行电话	010-62173865
传　　真	010-62173081
网　　址	http://www.cspbooks.com.cn

开　　本	787mm×1092mm　1/32
字　　数	145千字
印　　张	7.875
版　　次	2024年8月第1版
印　　次	2024年8月第1次印刷
印　　刷	北京盛通印刷股份有限公司
书　　号	ISBN 978-7-5236-0806-7/B·183
定　　价	59.00元

（凡购买本社图书，如有缺页、倒页、脱页者，本社销售中心负责调换）

目 录　CONTENTS

导　言	001
第一章　关　联	011
第二章　存　在	021
第三章　意　义	057
第四章　真	111
第五章　陈述、经验、记忆	153
第六章　时间与空间	175
第七章　意	185
第八章　情感、自我、意识	211
余　论	237
鸣　谢	245

导言

这本小书是我的哲学入门笔记，罗列了一些试图从关联的视角解释哲学问题的猜想。从 2021 年 3 月开始，读到哪儿，想到哪儿，就写到哪儿。

笔者认识到"关联"可能是一个哲学概念，是若干年以前的事情。那时笔者常写一点格律诗，"诗意"不常有，就有了"诗意从何而来"的问题。有一天我忽然想到，诗意可能来自两个"意象"的关联："横看成岭侧成峰"，就是把两个"画面"排列在一起了；再比较（关联）两个画面中的细节，就有了"远近高低各不同"；随后再进一步，把这两个对句合并（关联）在一起，问一个"为什么"，就有了一个新的话题"不识庐山真面目"，疑问句；接下来就是答案"只缘身在此山中"，一问一答的对句，也是一个关联。四个诗句，暗合"起、承、转、合"，这就是古汉语的美，是中国人的思想路径。起、承、转、合，都是关联。

注意到"关联"可能是哲学概念，笔者有时就自觉不自觉地从关联的视角看一些问题。如果是技术问题或科学问题，几乎就总能找到源于"关联"的解释。社会学问题、经济学问题、政治问题，也都可以被看成人与人之间的某种关联。历史问题则往往体现今人与古人的关联。对于文化问题、哲学问题，笔者似乎就想不清楚了。想不清楚就放下不想。

这期间，笔者一直在读政治思想史的书。促成笔者开始认真地试图从"关联"入门哲学领域的，是比库·派瑞克教授在论及非西方国家因何没能出现政治哲学大作时的一段话：

> 因此，非西方政治理论家就需要跟总体性学说打交道……将自己的政治理论建立在一套有说服力的关于人和世界的观念之上。这样的哲学课题并非不可能，正如霍布斯、康德和黑格尔的著作所表明的。然而，它需要持续而有力的哲学分析、广泛的理智和道德同情、敏锐的历史感等因素。这就不是大多数政治理论家力所能及的了。[①]

笔者在想，能否探索一个新的哲学立足点，从另一

[①] 特伦斯·鲍尔、理查德·贝拉米主编：《剑桥二十世纪政治思想史》，任军锋、徐卫翔译，商务印书馆，2016年。

个视角思考源于西方的哲学体系中的主要论题,其间或能发现一些新的论题,逐渐形成"一套有说服力的关于人和世界的观念",然后再看看能否从中引申出一套道德哲学、政治哲学等。这样的探索,并不是要"捍卫"什么,也不是要刻意去"批判"什么,至少它在起始阶段远离了现有的各种政治意识形态,而着力于建构的自洽、说服力及包容性。

笔者作为退休后才进入人文学科的"民哲",完成上述设想几乎是不可能的。但敲敲门总可以吧?

于是以此小书叩门。

"敲门砖"就是"关联"。看看能否以"关联"的视角思考西方哲学体系中的主要论题,特别是其中的难题。

从存在论开始,目标难题是:何为"存在"?其间笔者研究了存在论视域下的"自我""概念"等,涉及海德格尔、笛卡尔、康德、拉康、巴迪欧、张祥龙、张一兵、列维纳斯、布伯等哲学家的存在论论述,得出"存在即关联"的猜想。

然后是认识论,目标难题是:何为"意义"?其实现代西方哲学在约100年前的"语言哲学"转向,将"意义"问题置于哲学研究的核心位置,已经拓宽了认识论的视域。本书的猜想"意义生于关联",不仅源于对西语及汉语之语句结构的分析,还源于笔者对人类意识的神经生理学的理论假说：一个语词/概念的意义生于由记忆着该语词读音的神经元簇或记忆着该文字字形的神经元簇，以及第一个被联结的神经元簇或神经元集团之间的生成性关联。这三个（或两个）基础表征关联而成的群体表征，即为该语词的意义，且逐渐形成一个神经元集团与一个语词/概念相对应。而多个语词的神经元集团之间的关联形成语句/想法的意义。

如果将对"意义"的一个陈述或理解归结为一个认识过程，则"真"就是对该陈述或理解的评判。大约是在亚里士多德将"真"与"是"捆绑在一起以后，两千多年以来，"真"就一直与"是"一道，位居西方哲学的核心层级；而如何确保人们的认知为"真"，或者说如何设立公认的评判"真"的准则，也一直被哲学家们视为自己的责任，却似乎一直都没有公认的定论。所以，本书关于"真"的探究换了一个思路，目标难题设为：评判一个认知为"真"的过程中会不会有非理性因素？笔者认为是肯定的。这个非理性因素非常简单：只是令评判者自己心安。若如此，"求真"就是每个人自己的事情，哲学家们不必为此担责了。

然而与"真"密切相关的"信"，却以"信仰"的形式在人类有史以来的精神生活中处于中心地位，哲学家们无可推脱，只是他们似乎必须回到存在论的视域才能给出恰当的解释。但也由此产生一个难题："纯粹的信仰可以给出理性解释吗?"阿奎那与基尔凯郭尔对此给出过经典的解释,而本书的猜想"信仰基于被强化的关联"似乎更具实证色彩。

在从哲学与神经生物学两个方面解释了语词和语句的"意义"以后,接下来的问题就是语句的生成。语句是怎样生成的?在生成语句的过程中,既有的认知或"经验"是怎样发挥作用的?孩子们还没有"语法知识"的时候却能说出语法大体正确的语句,如何可能?这个看上去与认知过程相反的陈述过程,似乎不在传统认识论的论域中。笔者给出了一个"生成域"的概念,生成域中的多个神经元集团表征着多个语词及所指代的事物,均与"话题"相关。各神经元集团之间的既有神经联结体现着陈述者的过往经验。生成域是临时的、边界模糊的。人脑的前额叶皮层主导了生成域中部分神经元集团之间的一轮或多轮电化学信号投射,每一次投射所形成的各神经元集团的表征序列,就是一个由多个语词组成的语句;而生成的群体表征就是该语句的意义。"生成域"概念又有两个延伸:一是拓展了"经验"概念,给出了基于神经元集团既有关联的定义;二是比照胡塞尔现象学的"视域"概念,给出了对"先验的""超越论的"等重要概念的新解。

与"经验"相关的"记忆",问题就更多了。"记忆"似乎从来都不是一个哲学问题,却在各类信息系统中不可或缺，然而又在生物学中长期缺乏透彻解释。其实"记忆"是主体确认自己存在的必要条件，而且与人类及高级生物的各类行为相生相伴，且在神经元关联的意义上与行为同构。例如，语词意义的建立、使用、记忆均基于同样的神经生理机制，均处于同一套神经元集团的体系，且同时产生、同步变化，并没有类似"处理器""存储器"这样的区块划分。

接下来是一个比较孤立的论题：时间与空间。在本书关联论的哲学论域里，与"关联"相对的概念是"疏离"。时空即疏离，或者退一步，时空生于疏离。然后笔者分析了人类意识中的内生时间与内生空间。

笔者在撰写本书初稿时，思考的下一个问题是"意志"。当时笔者感觉似应将"意"剥离出来，作为自我对于某个他者或由他者萌发的"心之音"，解释为零阶自我指向他者的关联，对应于胡塞尔现象学中的intentionality（意向性）。后来转换到神经生物学的视角，有了"生成域"的想法，"意"就有了"着落"，变成了生成域的逻辑前提。在沿着生成域、投射、基础表征与群体表征的思路解释了语句及其意义的生成以后，笔者就有了一个大胆的想法，能不能沿用这个思路去解释人的行为？此处指的是广义的行为，含思考、动作等。逐一尝试后，这条路还真是走下来了。结果是："意"之指向的那个"关于他者之什么"的"生成域"，以及发生在该生成域中的一轮或多轮投射所生成的基础表征序列和群体表征，可以初步解释意识的各种主动行为，包括陈述、思考、动作、交互、梦、各类直觉及想象，可以涵盖经验与记忆，从而体现出"自我"作为主体的个体性、社会性及历史性。这么大的覆盖面，被单一模型、简单模式的框架所支撑，实属不易。

这个结果的哲学意义，是有效拓展了哲学的论域，从20世纪的"语言哲学"走进了"生活世界"（胡塞尔语），满足了对哲学新发展的具身性、主观体验性等要求。

然而，"意"从何来？当然应该从"自我"来。但"自我"何在？不是哲学之"在"，而是神经生物学之"在"。这又是一个难题，因为谁也不能指着人脑解剖图的某个部位说："自我就在这里。"换一个更专业一些的话说，"自我"的实存形态，究竟是什么？

笔者认为，"意"源于情感，或者说，"意"源于自我之情感兴奋程度的提升；而一个行为的结束，也是源于自我之情感的兴奋程度的平复。在情感的诸多情绪类型（喜怒哀乐等）中，只有"安"是能降低兴奋程度的，而且是能长期保持的"稳态情绪"，其他均为提升兴奋程度的非稳态情绪。笔者认为人需要一种能长期保持一定兴奋程度的稳态情绪，或许从"欲望"中分拆出的"望"比较合适。由此或可解释发自内心的持续的动力之源。

即便如此,我们还是绕不开"自我"的实存形态的难题。笔者只能从所想到的三种假说中选出一种:自我的实存形态是杏仁核等古老脑区与新皮层各脑区之间的动态投射所生成的群体表征。虽然围绕这个难题可能还会有很长时间的论辩,但只要有了实存的"自我"这样一个基点,我们就可以将"意""情感"等概念统筹于"自我",就可以将控制各类行为的责任归于"自我",且更清晰地解释诸如梦、直觉等难题。

实存的"自我"之确认,会在哲学、神经科学及社会科学中引发深远影响。在神经科学的论域中,笔者给出了以"关联论"命名的"意识理论"的要点。在社会科学论域中,笔者又展开了围绕"自由"的讨论。

本书的"余论"部分,先是回到"关联",然后是笔者的一些遐想,其中涉及哲学界的敏感话题,如西语哲学与汉语哲学等,或可视为笔者的一厢情愿吧。

回到"关联",是要为"关联论"划界。例如,是否可以说"生命基于关联"?笔者认为不妥。理由是:作为哲学概念,"关联"的普遍性越被肯定,就越是应该谨守哲学论域而慎入科学论域。物理学里也有类似的例子:困扰物理学家的量子纠缠,可以被哲学家认作量子之间的关联,但最好不说"量子纠缠基于关联"。本书的下列书摘可为哲学概念"关联"划界:

仔细想来，在主谓结构的语句中，所有动词与系动词均起到连接主语与宾语的作用，都是哲学意义的"关联"；在包容更广的对语结构的语句中，无论有没有动词，对语之"对"都是"关联"；在多语句中，句与句之间、词与词之间的"对"也是关联；在语句的字面意义与隐喻意义之间的暗合亦为关联。在这个意义上，"关联"无处不在，无所不在。但同时，关联既不在主语处也不在宾语处，既不在"对"之一端也不在另一端，既不在字面中也不在隐喻中。在这个意义上，"关联"无所在，无所是，无所有。

故有以下猜想：

无所不在的关联，无所在，无所是，无所有。

所以，最好不问"什么是'关联'"。因为这个问题已经将"关联"放在了两端之中的一端，而"关联"恰恰不在两端，而在中间。

在这一点上与"关联"类似的哲学概念大概只有"存在"了。"什么是存在"或"存在是什么"均无解，说"存在即关联"，不得不将"存在"置于主词位置、将"关联"置于谓词位置，实属无奈。

故而，本书似乎可以不写"结论"了。

最后交代下本书的写法。本书的主要部分，确实是"读到哪儿，想到哪儿，写到哪儿"的，然后做了多次补充与调整，但并没有改变其大致顺序。应出版社专家们的要求，大致划分了章节，其间穿插了一些自问自答，或许能帮助读者抓住论题的要点。可以看出，本书开始时大都在努力为"关联"寻找"落脚点"，随后逐渐将前面的一些论点联络起来，最后又回归到"关联"。这种类似读书笔记的写法，加上对主要论点冠以"猜想"，就是笔者不去掩饰作为初学者的学识不足，而将那些肯定不少的瑕疵与漏洞，以及应该建立却尚未建立的某些"架构"，留给感兴趣的学者，去做更严谨的论证与更细密的铺陈。倘能如此，笔者在此先行致谢！

下面进入正题。

第一章 关联

我们首先应该把"关联"说清楚,但这个看上去不难说清楚的概念,笔者却很难给其一个包容性足够大且边界清楚的定义。从不同的视角看,或许可说有以下几种关联:

猜想 1 可验证关联(verifiable connection)。两事物或多事物之间的、能够用实验或观测手段直接验证的连接或影响,被称为可直接验证关联。由基于实验或观测结果的逻辑推理或演绎或计算而得以证明的两事物或多事物之间的连接或影响,被称为可间接验证关联。

可验证关联广泛存在于自然界,如物理关联、化学关联、生物关联等。原子核、电子及其相互之间的关联构成原子,原子及其相互之间的关联构成分子,分子及其相互之间的关联构成各种无机物及有机物,无机物与有机物及其相互之间的复杂关联构成生物个体,生物个体及其相互之间的关联构成生物群体。人类作为最复杂的生命物种，由多种功能子系统及其相互之间的关联构成；人类所特有的高级精神活动，则基于大脑、人体感觉器官与神经系统及其相互之间的关联、众多神经元及其相互之间的关联。

然而还有很多事物，如：基本粒子及其相互作用，人与人之间的相互理解，长时间跨度的文化传承等，其间的关联似乎就不大容易被验证。但似乎越是难以验证的关联就越容易被重视，即使说不清楚也会被认可，如量子纠缠。甚至有人认为："时间与空间不再是容器或世界的一般形式，它们只不过是量子动力的近似，其中既不包含时间，也不包含空间，只有事件与关联。"[1]

由众多较低级别事物 a 及其关联所构成的较高级别事物 A，往往会产生至少一种新的特性，这种被作为事物 A 之所以成其为该事物的主要特性却可能并不会表现在较低级别的事物 a 上。例如，水的溶剂特性并不表现在单独或少量的水分子上；人类大脑的意识特性不表现在组成大脑的单个神经元上；细胞的生命特征通常被认为不表现在组成细胞的蛋白质上。当这种新生成特性的重要性远高于事物 a 与事物 A 的构成关系时，特别是这些特性出现复杂的层级关系时，如生命、意识，其自身

---

[1] 卡洛·罗韦利：《时间的秩序》，杨光译，湖南科学技术出版社，2019 年。

能不能被称为"特性"、是否具有其存在论地位,都成了人们争论不休的难题。这种生成性而不是构成性的复杂关联,或可被视为关联的一种类型。

猜想 2 生成性关联（generated connection）。由众多较低级别之事物 a 及其关联所构成的事物 A,如果具备并不表现在事物 a 上的至少一个特性 X,且该特性往往被作为事物 A 之所以成其为该事物的主要特性,则众多事物 a 之间的关联可被称为事物 A 之特性 X 的"生成性关联"。

近年来被科学家们关注的"涌现现象"[1]（emergence phenomena）,也是此类特性的生成现象,故"生成性关联"或许也可以被称为"涌现性关联"。

与生成性关联相对应,构成事物 A 的诸多较低级别事物 a 之间的关联可被称为事物 A 的"构成性关联"（constituted connection）。

由事物 a 及其生成性关联所生成的事物 A 之特性,因其并不为事物 a 所具备,故该特性往往被称为"不可

---

[1] 可参考：Oriol Artime, Manlio De Domenico: Emergent phenomena in complex physical and socio-technical systems: from cells to societies, Philosophical Transactions of the Royal Society A, July 2022。中文译文：《从生命起源到流行病：复杂系统中的多尺度涌现现象》,梁栋栋、梁金译,2022 年 8 月。

还原的"（irreducible）。正是这种不可还原的特性，使得基于生成性关联的事物 A 相对于事物 a 发生了质的变化。但是，关注这种关联的生成性的同时，不应忘记该关联同时还具备构成性。在还原论者看来，大千世界、浩瀚宇宙皆由种类有限的基本粒子组成，强调的是关联的构成性；非还原论者则更关注关联的生成性，强调的是所生成特性之不可还原性。

仔细想来，"还原的"或"化约的"（reducible）本来说的是同类事物之间关系。在实体物质之间，可以说"水还原为水分子"；在数量之间，可以说"2/4（四分之二）约分为 1/2（二分之一）"，但是不能说"水还原为 1/2"。水可以在构成性关联的意义上被还原为水分子，却不能在生成性关联的意义上将其溶剂特性还原给水分子。

我们也可以按同样的思路看物质与精神的关系，如下面的书摘：

> 意识完全是物质的，与此同时，又在不可还原的意义上是精神的。这就意味着我们应当完全抛弃传统的"物质的"和"精神的"范畴——如同它们在笛卡尔传统中所使用的那样。[①]

[①] 约翰·塞尔：《心灵、语言和社会》，李步楼译，上海译文出版社，2006 年。

首先，如果将意识定位于由众多神经元的关联而生成的特性，就不能说"意识是物质的"，尽管可以说"神经元是物质的"。其次，意识因其作为特性的不可还原性与"意识是精神的"无关。再次，塞尔的本意"精神具有对物质的不可还原性"是建立在"意识不可还原为神经元（物质）"（大前提）与"意识是精神的"（小前提）之上的推理，尽管其逻辑不是很严密。但无论如何，意识的不可还原性，既尊重了神经科学对诸多精神现象的解释，又使精神保持了与物质的适当区分，确实有其独特的哲学意义。

但是，如果众多神经元的关联生成了多种特性，而"意识"只是其中一种，那么该怎样区分这些特性呢？姑且留下这个问题在后面讨论，这里先继续说另一种"关联"。

两事物，如果一方是某种意义上的主体，而另一方被主体意识到，此时两者之间是否可以说建立了关联呢？例如，我在看着屏幕上的字，我想起了逝去的亲人，大树下的一只小鸟看到了隐藏在草丛里的小猫，等等。此类关联，既不会构成什么，也不会生成什么特性。有些可验证，有些很难验证，其共同特点都是主体意识中的"自我"注意到了一个或多个"他者"，其神经生物学基础都是至少两个神经元集团之间的动态连接。

再仔细想想那只看到小猫的小鸟。如果没有将小鸟视为主体，而是将旁观者视为主体呢？小鸟与小猫都在旁观者的视野中，且小鸟与小猫又都互在对方的视野中。"螳螂捕蝉，黄雀在后"，加上旁观者，就又多了一层嵌套，即视野或视域的嵌套。但最外层视域的构造者总是主体。或许我们可用胡塞尔现象学的术语"构造"（constitution）、"视域"（horizon）描述此类关联。只是需要注意，这里"视域"概念已经远远超出了字面上的视觉区域的意义[①]。我们可将其命名为"视域性关联"：

猜想 3 视域性关联（horizon connection）。当某主体意识到某事物，或者说，当某主体将某事物纳入自己所构造的某个视域时，就可以说该主体与该事物之间建立了视域性关联。

"视域性关联"覆盖了人们的想象力所能涉及的所有事物。任举两个事物，它们之间一定存在关联吗？例如，太平洋西岸某海滩上的一粒沙，与大西洋西岸某海滩上的一粒沙，这两粒隔着一个大洋加一个大陆的沙之间存在关联？说有关联也可以，毕竟它们都在同一个地球上，而且二者之间不能说没有极其微弱的引力；说没有关联也可以，因为二者几乎完全没有机会相遇。但

---

① 倪梁康：《胡塞尔现象学概念通释》，商务印书馆，2016年。

是当它们在这里被纳入我们的视域之中时，按照视域性关联的定义，这两粒沙与我们之间，以及它们之间就建立了关联。

读者或许会立刻提出质疑：主体与那两粒沙之间的关联只是想象的而不是实际的。但他们或许也会承认：主体确实"想到了"这两粒沙，这个"想到了"确实有其能被神经科学解释的生理及心理基础。于是问题就来了：在主体的神经系统中，自己（或"自我"）在哪里？被想到的沙在哪里？"自我"是怎样"找到"沙的？沙真的在吗？主体为什么要想到沙？动机何在？效果如何？对于自己曾想到过沙这一过程的反思及叙述怎样获得他者的认可？等等。

这些问题涉及"存在""自我""意义""概念""真""实在""意向""情感"等哲学基本问题，本书将逐一展开讨论。这些问题同时涉及神经科学的诸多领域，本书将尝试从哲学的视角为神经科学建议一个关于人类意识的理论假说，以该假说为基础去尝试解释上述问题。当然最后可能会留下更多的科学问题待解决。

无论本书的尝试能否令读者满意，读者都至少可以看到："视域性关联"有可能开拓出一种新的思路，从单一的"关联"出发去解释丰富的精神现象，且兼顾哲学与神经科学两个领域。

将上述几种不同的关联归纳到一起，我们可以看出，它们是互补而不是互斥的。如，"视域性关联"可能被神经科学所验证，即可能被归入"可验证关联"，但其因主观视角而表现出来的主体性或可体验性或可反思性，仍然与"可验证关联"的客观视角有显著不同，也为基于反思的各种哲学思考及神经科学假说提供了可能。

这里或许需要以一个稍具综合性的例子，看看怎样从关联的视角对人类的精神现象做一些浅显的描述。

人类神经系统的主要功能，由分布在人体内特别是大脑内的特定子系统实现。其中，实现记忆功能的子系统由或大或小的众多神经元集团构成，每一个神经元集团能够相对稳定地记忆一组信息，如图像、声音、符号等，符号串及与之相对应的声音和图形一道形成语言中的字、词。

例如：记忆"蓝"的汉语读音 lán 的神经元组可能首先与记忆蓝色的神经元组建立了经由神经纤维的连接，于是"蓝"字的读音就被赋予了"蓝色"的意义；随后，记忆"蓝"字字形的神经元组又加入上述关联，于是形成了"蓝"字的读音、意义及字形的相对稳定的神经元集团。某日，人们在仰望天空时，"天"的神经元集团与"蓝"的神经元集团建立了经由神经纤维的连接，于是就有了判断"天是蓝的"，又有了复合词"蓝天""天蓝"等。接下来，人们又见到了其他蓝色的物体或图像，"蓝"就演变成一个相对抽象的概念，并进而与"红""绿"等概念一起被当作更抽象的概念"颜色"的外延。如果人们后来又学习了物理学,理解了"蓝色"的物理学解释之后,"蓝色"及其物理学解释就成为关于蓝色的"知识"。如果某个春日的早晨人们被江边的美景感动,将红色、蓝色、绿色、日出、江水、春天等概念连接在一起,运用格律诗词的写作技巧,或许就能写出"日出江花红胜火,春来江水绿如蓝"这样的诗句。诗句的韵律使得人们乐于传唱,于是诗人心中的景象及感受就作为一种"意境"被传承千年。

在上述例子中,判断、抽象、理解、解释、陈述,都是思维活动,都是基于神经元之间生物物理参量快速变化的动态过程,有开始、有结束,有动机、有决定、有结果。其动态特点与概念、语句、知识等被相对稳定记忆的静态特点显著不同。

上例中的诗人被美景"感动"。感动、愉悦是"情绪"的一种,被笔者归于"喜",与其他情绪如怒、哀、爱、恨等一起被笔者统称为"情感"。发起情感的神经子系统虽然处于人脑进化历程中相对"原始"的区域,但却可以经由专门的神经纤维集束使一种独特的化学物质"神经递质"激励人脑的各个区域,包括实现理性思维的"高级"区域,表现出影响全局的特点。

至此,"关联"已经与被亚里士多德列入"十大范畴"的"关系"(relation)很不一样了。我们或可将

"关系"看作"关联"的表征（representation）或描述（description）。

罗嘉昌着眼于现象的显现与影响现象生成的诸因素之间的关系，给出了一个表述该关系的函数式：

$$Y_r = f_r(x, r)$$

其中 Y 为现象，即显现出来的性质或性质的集合，x 为决定现象生成的因素或变量，r 为现象显现的特定关系参量，f_r 则表示 x 与 r 之间的关系。特定关系参量 r 引入诸如观察者、参照系等因素。[①]

从这种描述"现象显现—决定因素"关系的思路再展开，我们还可以描述诸事物之间的构成关系、互动关系，等等。这些关系都可以看作诸事物之间的关联在不同视角下的表征或描述。

如果上述叙述能初步说清楚"关联"，那么笔者就尝试用这种着眼于诸事物之间关联的方法开始分析一些哲学难题。

以下将这种方法称为"关联论"（connectionism）。

---

① 罗嘉昌：《从物质实体到关系实在》，中国人民大学出版社，2011年。

第二章 存在

存在论（ontology）[①]，曾被列为哲学三大范畴（存在论、认识论、方法论）之首。这或许因为，如何解释人的存在，是哲学所要解决的首要问题。

"存在"（古希腊语为 on）及系动词"是"（古希腊语为 einai，on 的词根，英语为 to be），以及后来又增加的"有""在"，是存在论的核心概念。的确，"我是谁？""我有什么？""我在哪里？"是人之生存最基本的问题。这些看上去似乎不成问题的问题，却在人类有记载以来的数千年里始终困扰着人们的内心，即使在科学如此发达的今天也是如此。而且更加奇怪的是，"存在""是""有""在"这几个语词，其字面意思早

---

① ontology，又译"本体论""是论"等。不同的译名可能表达着不同使用者对 ontology 的不同解读与用法。本书用"存在论"，偶用"本体论"，并不特别表示对某种独特解读与用法的赞同或不赞同。

已没有任何疑义，但对其哲学定义的探讨却一直被哲学家们视为畏途。

为什么会是这样呢？请看：如果指着一个苹果问"这是什么？"，那么谁都能回答；但如果问"'是'是什么？"，就很难回答了。当然，我们可以翻开字典给出其字面解释，而且每个人每天都在正确使用"是"，但其确切的哲学意义迄今没有定论。

于是，大约在100年以前，逻辑实证主义（logical positivism）[①] 者们以"对于不可言说的东西，人们必须以沉默待之"[②] 为理由，对"存在论"高挂"免战牌"，且引领了分析哲学和语言哲学的新潮流。但此举也引发了一片反对，随后，出现了"存在主义"（existentialism）[③] 学派。

所以，如果想弄清楚"存在"，就不得不拜读存在主义大师海德格尔的经典著作《存在与时间》[④]。笔者之

[①] 可参阅：《简明不列颠百科全书》"实证主义和逻辑经验主义"词条，第7卷第293页，中国大百科全书出版社，1988年7月。
[②] 韩林合主编：《维特根斯坦文集（第二卷）逻辑哲学论》，商务印书馆，2018年11月。
[③] 可参阅：《简明不列颠百科全书》"存在主义"词条，第2卷，中国大百科全书出版社，1988年。
[④] 海德格尔：《存在与时间》，陈嘉映、王庆节译，三联书店，2014年9月。

所以说"不得不",是因为这本书确实难读。

在这本书中,海德格尔解释"存在"的理路与众不同。他先定义了一个特殊的自我——"此在"(Dasein),令其与尘世中的"自我"若即若离,试图让人们在解释"此在"与尘世的关联、与时间的关联的过程中去领会"存在"之所在。理解"此在"与他者的无关联,可能是理解海德格尔之论证理路的关键。

笔者认为自己大致读懂了,只是有一点失望:全书基本上只是在说"此在",却没说清楚"存在/是"(Sein),尽管"此在"被定义为存在论意义上的自我。这个看法似乎被原著的最后两段印证了:

> 研究一般存在"观念"的源头与可能性,借助形式逻辑的抽象是不行的,亦即不能没有借以提问与回答的可靠视野。须得寻找一条道路并走上这条道路去照明存在论的基础问题。这条路是不是唯一的路乃至是不是正确的路,那要待走上以后才能断定……前面的探索就正朝向这唯一目标行进着。它行到何处了?
>
> ……对"存在"有所开展的领会对"此在"来说究竟如何是可能的?回到领会着"存在"的"此在"的源始存在建构是否能为这一问题找到答案?

其实，笔者是按照自己对"存在"的理解去读这本书的。读到最后，笔者似乎没有察觉到自己的理解正好撞上了作者的"枪口"，所以有一点窃喜。但没被否定并不意味着被肯定。于是笔者就从"此在"出发走另一条路试试，能否走得通不敢说，确实"要待走上以后才能断定"。

以关联论观之，"此在"就是与他者无涉的自我（self）。"他者"，既可能是另一个人或群体，也可能是身外的物体，能不能是一个精神现象尚待讨论，总之是与"自我"相对的。"自我"与"他者"之间可能有太多类型的关联，如果将这些关联的复杂程度用一个比较粗略的"阶"（order）来划分，或可将与"他者"无涉的"自我"命名为"零阶自我"，而将涉及"他者"的"自我"逐级命名为"高阶自我"。于是笔者有了以下猜想：

猜想 4 在关联论意义上，可将与"他者"无涉的"自我"设定为"零阶自我"（self of zero-order）。这里的"阶"，可被定义为与"他者"之关联的复杂度。零阶自我，是与他者无涉的自我，自我的"真"之所在、"意"的发起者，等等。一阶自我（self of first-order），是处于自然关联或社会关联中的自我，是正常生活中的"我"、他人眼中的"我""身份"、镜像自我等。二阶自我（self of second-order），是内心中另一个被自己设计的自我或目标自我或想象的"身份",是在社会真实关联中的"假我"或"面具"、戏剧中的"角色"、艺术意境中"我"的化身,等等。

这个与他者无涉的零阶自我的相对独立性能否被神经生物学证实,尚需时日。类似地,齐泽克曾在《事件》中说:自闭症患者的主体"正处于零阶状态(zero-level)"[1]。

即使零阶自我的相对独立性能够被证实,至少还有以下几种情况,不那么容易与一阶自我区分开:心理的自我感受到身体的自我时,算不算一阶自我?独处时的自我、思考中的自我,算不算一阶自我?

自我与他者无涉时,即使自己的身体并没有感受到来自外界的刺激,仍然可能经由视觉、听觉、嗅觉、味觉、触觉、本体觉(proprioception)等感知到自己身体的生理存在并由此确认自我。虽然这是心理的自我与自己身体的自我之间的一种关联,但毕竟是与自己身体的关联而不是与他者的关联,故我们似乎不应将这种零阶自我对自己身体生理存在的确认设定为一阶自我。零阶自我与自己身体的关联或许就是现象学所称的"具身性"。二者合一即为"具身性的主体"(embodied

---

[1] 齐泽克:《事件》,王师译,上海文艺出版社,2016年3月。

subject），使自己的身体兼具主体性和客体性[①]。为避免误解，本文在讨论精神现象时，暂时用现象学的方法将自我的身体"悬搁"（epoche）起来，而令"零阶自我"与"他者"相对，以区别于"主体"与"客体"的相对。

独处时处于思考状态的自我，按笛卡尔的名句"我思故我在"，是另一种对自我存在的确认。"思"，可能会想到他者，此时的自我就是一阶自我了。没有想到他者的情况呢？似乎有以下几种可能：

- 仅意识到自己在思考，从而确认自己的生理存在，类似于前述经由自己感官对自己生理存在的确认。
- 仅思考自己而并未直接涉及他者，但其思考内容可能会涉及或隐含这样的内容——我是谁？我有什么？我在哪里？我做什么？我的状态怎样？就会间接涉及他者，此时的自我仍然是一阶自我。
- 仅思考纯粹理念，如数学命题，只要思考过程中形成了清楚的想法，则该想法必定表现为清楚的语句[②]，而组成该语句的语词及语法必属于某语言系统，而该语言系统应该被视为相对于零阶自我

---

① 张昌盛：《自然科学现象学——先验主体间性现象学视野中的科学》，中国社会科学出版社，2015年4月。
② 其理由见本书下文。

的他者，故此时的自我仍然是一阶自我。换句话说，即使是自己设定的纯理念世界，也是相对于零阶自我的他者。

- 沉浸于纯艺术，如寄托于某段音乐却超脱具象乐句，这种直抵心灵的"意境"应该就是零阶自我的享受或震撼，但其来源毕竟还是物理世界，故无法确认零阶自我的无关联；换句话说，即使是只有自己才能领悟到的"意境"，也是相对于零阶自我的他者。
- 冥想，或可定义为"清醒状态下的无所思"，如果这样的精神状态确实能被神经生理学证实，此时的自我就确实与他者无涉，应该就是零阶自我了。
- 不知是否还有其他可能。

综上，笔者有以下猜想：

猜想 5 在关联论意义上，与他者没有直接相关的自我，除去借助感官确认自己的生理存在，以及冥想状态（若可能）以外，只要处于清醒状态下的思考中，皆为一阶自我。

拉康的名句"我思故我不在，我在我不思之处"，如果仅看字面，那么在将句中的"我"理解为零阶自我时，就可解该句之意。

那么，关联论意义下的"自我"概念能不能与现有的其他哲学理论中的"自我"互换呢？

胡塞尔现象学中的"自我"（ich）意为"在意向体验中指向世界和世界中的对象"，故又称"自我极"（ichpol），"但它本身却不能在对象的意义上被理解，它始终处在隐匿的、非课题的状态"。而与其相区别的"本我"（ego）则"在完整的具体化中被理解"，即"自我连同其全部意向体验"。在这个意义上，关联论中的零阶自我与胡塞尔现象学概念"自我"相似，而一阶自我与"本我"相似。但是胡塞尔现象学中的另一个概念"他我"（alterego）或"异己自我"（fremdich）却是"指相对于我的本己自我而言他人的自我"[1]，与关联论中那个带着"面具"的二阶自我完全不同。

似乎难以找到合适的汉语词语分别指代一阶自我与二阶自我。"真我""假我"？一阶自我只是部分真，二阶自我则真假难辨。二者都是社会中的自我——道德哲学与政治哲学的核心概念，就不在本书展开讨论了。

有了关联论意义下的"自我"，特别是"零阶自我"的概念以后，我们看看能不能沿着海德格尔的思路向前走一步，去"领会"自我的"存在"呢？

自我总是"存在"于"世界"中，无论这个"世

---

[1] 本段引文摘自倪梁康《胡塞尔现象学概念通释》。

界"是通常意义下的外部世界，还是严格意义下的"经验世界"；是由公理与逻辑构建的理念世界，还是由虚拟角色构成的故事世界；是由历史学家或文学家或公众"阐释"的"前世""今世""来世"，还是令自我陶醉于其中的"意境"，等等。在关联论意义下，这个"世界"就是"他者"。因此，只要自我"存在"于这个世界中，在关联论意义下，它就是从零阶自我变身为与他者关联的一阶自我。因此，自我的存在，就是零阶自我与他者的关联。

猜想6 在关联论意义下，自我的存在就是零阶自我与他者的关联。简言之，存在即关联。

这个"简言之"有点着急了。姑且存之。

其实，海德格尔的"此在""被抛入"世界之时，正是"此在"对世界建立关联之时，也正是自我在世界中的"存在"之时。海德格尔请《存在与时间》的读者从"此在"出发对"存在"进行"领会"。如果被读者领会为"此在"与世界的关联，就与关联论一致了。

然而，自我毕竟还只是世间万物的一部分，从"自我"出发对"存在"的论证还不能延及世间万物。于是，我们或可做一个简单的论证：

将"存在"分解为"是""有""在"，分别对应三种陈述句"S 是 / 不是 P""S 有 / 没有 P""S 在 / 不在 P",其中 S、P 均为概念。于是,陈述句中的"是""有""在"均表示前后两个概念之间的某种关联。所以,存在即关联。

猜想7 *存在即关联。*

若猜想 7 成立,则猜想 6 中的"简言之"成立。

在逻辑上,上述论证的成立需要三个前提:

其一是,哲学概念"存在"可以且仅可被分解为"是""有""在"。这是一个需要被哲学界公认的陈述。此处姑且设为公理。

其二是,以"是""有""在"为系动词的所有陈述句句式均可被归并为"S 是 / 不是 P""S 有 / 没有 P""S 在 / 不在 P"这三种句式。这需要语言学论证,下文仅涉及不含 P 的句式。

其三是,概念 S、P 可以代表世间万物,或者说,一事物可被一个概念指代。

我们先分析一下存在论(而不是认识论)视域中的"概念"。

看看康德怎么说:

第二章　存　在

存在显然不是一个真正的谓词，或一个有些什么东西可以添加到一件事物概念上面的概念。

康德在此列举的例子和他宣布的一般原理一样颇为出名。他告诉我们：100元实在的钱的概念和100元只是可能的钱的概念，作为概念是一回事，一个并不比另一个多1分钱也不比另一个少1分钱。概念，作为概念而言，从存在的角度看，是中性的。[①]

我们试试从关联的视角看这个生动的例子：你指着一张100元的钞票，就可以说"这是100元钱"，此时"100元钱"的概念与实体钞票的印象关联在一起，经由动词"是"关联；若你的口袋是空的，就可以说"我没有100元钱"，此时"100元钱"的概念与"我"关联在一起，经由动词"没有"关联；如果你口袋里有100元的钞票，就可以说"100元钱在口袋里"，此时"100元钱"的概念与"口袋"的概念关联在一起，经由动词"在"关联。

一个纯粹的概念，或者如上文所说，一个中性的概念，无关乎存在或实在与否，如"100元钱"概念；一旦这个中性概念与其他概念发生了关联，就会产生新的

---

① 威廉·巴雷特：《非理性的人》，段德智译，上海译文出版社，2014年。

特性，如上例中的"100元钱"如果经由"在/不在"与"口袋"发生关联，就会产生"在"或"不在"的特性。因此，我们或可将纯粹的概念设定为零阶概念。

猜想8 在关联论意义上，若概念未与其他概念或其他精神现象发生关联，则可将其设定为零阶概念（concept of zero-order）。与其他概念或其他精神现象发生关联的概念可被设定为一阶概念（concept of first-order）。一阶概念，就是人在各类精神活动中被建立、被使用、被修改的概念。

汉语有两大类语法结构：一类将主语之外的其他语法成分均称为谓语，一类将主语之外的其他成分细分为谓语、宾语、状语等。在后一种结构中，谓语主要是动词，而"是""有""在"等系词是动词中的一类。在上例中，"是""有""在"分别为"100元钱"的概念增加了赋义、归属、定位的含义。推及所有动词，则每一个动词都为其所在的语句中的主语或指称语增加了该动词如其所是的意思。

因此，回到康德的论断："存在显然不是一个真正的谓词，或一个有些什么东西可以添加到一件事物概念上面的概念。"当100元钱确实在口袋里时，我们就不能说"存在"没有为"100元钱"添加新的意思或概念了。

于是,"存在"似乎又是一个谓词了?康德的论断被自己的例子推翻了吗?

如果将主语之外的其他语法成分均算作谓语,这个"谓语"应该就是逻辑学中的"谓词"了。"100元钱"是主词,"在口袋里"是谓词,显然,谓词为主词增加了意思。但是如果将谓语分为动词与宾语及其他语法成分,则"100元钱"是主语,"在"是谓语,"口袋"是宾语,"里"是状语。仅仅一个"在"未必能为"100元钱"增加存在的意思,因为如果没有宾语,没有了位置信息,"100元钱在"没有意义。然而,如果"100元钱在"是回答某个问句呢?如果说"100元钱不在"呢?这两种情况都有可能为"100元钱"增加信息。以上解释是在说:康德的论断"存在不是一个真正的谓词",至少在汉语语境中,需要如下条件同时具备才能成立:①作为不与宾语在一起的谓词。②不是否定词。③没有上下文。这是相当苛刻的条件了。

用关联论重复这个过程来解释"存在",我们可以说:在零阶概念意义上,概念"存在"不与其他概念关联,不为其他概念增加意义,当然不是谓词。康德的论断"存在不是一个真正的谓词"成立。但是在一阶概念的意义上,当概念"存在"与其他概念发生关联时,在绝大多数情况下,它都会为被关联的其他概念增加新的意义。康德的上述论断不成立。我们再将"存在"的概

念细分为"是""有""在",可有如下归纳:

> 由猜想8生出的推论1:在关联论意义上,概念"是""有""在"与其他概念发生关联(即成为一阶概念)时,在绝大多数情况下均会为被关联的概念增加新的意义。因此,在关联论的一阶概念意义上,"是""有""在"均为谓词,故"存在"亦为谓词。

我们继续思考零阶概念。它是"100元钱"这个概念在尚未与"口袋"之类的他者(相对于"100元钱"的"他者",而不是相对于"我"的"他者")发生关联时的容身之所。同理,零阶概念或许也是在"我"心中之所有"他者"概念的容身之所。如:苹果、马、蓝色、孔子(人名),等等。换句话说,我内心中的每一个概念,除了那个"自我"外,在尚未与其他概念发生关联时,都是它所指代的那个事物在我内心中的零阶自身。如:零阶苹果、零阶马、零阶蓝色、零阶孔子。这些概念的名称,此时就是"命名之名"而非"属名之名"[①]。这些零阶概念与其他概念发生关联时,就变成一阶概念、"属

---

① 黄裕生:《摆渡在有无之间的哲学 第一哲学问题研究》第七章《命名与署名的区分:亚里士多德的本体学说及其真理观》,清华大学出版社,2019年。

名之名",如：苹果是甜的,他是孔子,等等。因此,在存在论/本体论意义上,如果将"零阶自我"说成"自我本体",则"零阶苹果"就是"苹果本体","零阶孔子"就是"孔子本体"。我们得到如下推论：

由猜想 8 生出的推论 2：在关联论意义上,每一个零阶概念都是它所指代的那个事物在主体意识中的零阶自身,即该事物的哲学本体。

一个概念是怎样与一个事物建立指代关系的,其指代是否准确或是否为"真",是概念的"意义"问题或认识论问题。这里强调被指代事物作为其零阶概念的哲学本体,只是为了当存在论/本体论视域内发生一个概念与另一个概念的关联时,为该概念所指代的事物赋予一个本体论地位。据此可有结论：本书猜想 7("存在即关联")之论证过程的前提 3"一事物可被一个概念指代"成立。

回到本书猜想 7("存在即关联")之论证过程的前提 2,看看在"S 是/不是 P""S 有/没有 P""S 在/不在 P"这三个句式中,如果不含 P,句义能否仍然与含 P 时同义。我们仍然以概念"100 元钱"为例。假设上述句式中不含 P,即系动词"是""有""在"不含宾语或状语,如"100 元钱在"。这里有两种情况：

1. 一种情况是，如前所述，对于这几个系动词的否定"不是""没有""不在"，句式中不含 P 不影响词义。因为，"100 元钱不是"可被理解为"不是 100 元钱"的倒装句，默认隐含着一个主语；"100 元钱没有"可被理解为"没有 100 元钱"的倒装句，也可默认隐含着一个主语；"100 元钱不在"可以默认隐含着一个宾语。

2. 另一种情况是，如果有上下文，如回答"100 元钱在吗？"时说"100 元钱在"，那么也不影响词义，因为对话双方默认知道 100 元钱在哪里。换句话说，对话双方默认了 S（"100 元钱"）经由"在"与默认之 P 的关联。

综上，绕了一个大圈子，我们应该可以得出结论：猜想 7（"存在即关联"）之论证过程的三个前提均成立。

如果猜想 7 成立，那就有推论：

由猜想 7 生出的推论 3：无关联，不存在。

是不是太简单了？毕竟何为"存在"或何为"是"，已经困扰了西方哲学家们两千多年。

我们再回到康德"存在显然不是一个真正的谓词"的论断，揣摩一下他的本意。这段话说出约两百年以后，被存在主义学派的巴雷特拿出来做了很客气的批评。恐怕是因为这句话被他们的对手实证主义学派作为证据，贬低"存在"而褒扬了"本质"。两个学派争论的焦点是"存在"与"本质"的孰先孰后，而不是对"存在"的不同解释。关于存在与本质的问题，留待后面的章节再做分析。那么，康德为什么宁可留下一个关于"100元钱"概念的例子被常人难以理解，也要把"存在"从谓词中摘出来呢？

"S是P。"西方哲学的传统是把"是"与P一起作为谓词，常用于描述主词S的属性。S通常都是"存在者"。但是当"是"被放在左边S的位置也成为"存在者"时，他们就无法继续分析了。敏锐的康德感觉到，谓词中的"存在"作为"存在者"的属性将永无"出头之日"。但是即便将"存在"从谓词里摘出来，又能放在哪里呢？康德并没有给出答案。

"是"，既不在左边，也不在右边，本来就在中间。在关联论的视域中，"是"即关联。存在即关联。

转到神经科学的视域中，"关联"指代了神经元之间经由神经的生理联结及电化学信号投射。试举一例，看看"存在"是怎样由神经的生理关联实现的。

例如，你想到了苹果。立刻，你的"自我"所在的古老脑区向新皮层经由神经束投射出一组激励，形成了以"苹果"为目标的"域"。该域由众多大小不一的神经元团组构成，其共同的特点是，都曾在你此前的生活经历中与一个特定的神经元团组有过关联。这个特定的团组就是"苹果"的语音。这些神经元团组可能包括记忆红色、黄色、绿色的神经元团组，记忆苹果味道的神经元团组，记忆苹果图形样式的神经元团组，记忆关于苹果植物学知识的神经元团组，记忆你在苹果园劳动的神经元团组，记忆你与恋人分享苹果的甜蜜感觉的神经元团组，记录你眼前桌面上那只苹果之图像的神经元团组，等等。然而，你的这次思维活动所想到的"苹果"与一个相关的事物，应该只是上述诸多可能被想到的事物之中的一种，肯定不是全部。那么，这次思维活动的神经元集团的动态关联的路径，就只包括记忆"苹果"读音的神经元团组，及你真正想到的那个相关事物的记忆神经元团组。所谓"动态关联"，就是从你的"自我"出发，经由记忆"苹果"读音的神经元团组，到达记忆那个真正所想事物的神经元团组的路径。该路径可能会形成一个陈述句，例如"苹果就在桌上"，此时那个"真正所想的事物"是眼前的桌子；也可能产生一个吃苹果的"意"，此时那个"真正所想的事物"就是你自身的生理欲望"吃"。上述神经生物学过程的存在论意义在于，"苹果"这一事物，在你的"自我"与"苹果"语音的关联中，在与那个所想事物的关联中，被你确认"存在"着。

那么，概念、语词及语词的语音之间是什么关系呢？容待下文解释。

下面从哲学大师们的视角看一下"存在"。

第二章 存 在

阿兰·巴迪欧在其《存在与事件》的开篇就从"一与多"的视角清楚地叙述了"存在"之难以言说：

> 本体论从下述经历中建立起其废弃神庙的柱廊：**展现**（présent）自身的东西在根本上正是多，而展现自身的**东西**在根本上是一。一与存在的相互作用正是开创哲学的公理。莱布尼茨的归纳非常精彩："不是**一个**存在的东西不是**一个存在**（Ce qui n'est pas un être n'est pas un être）。"不过，它也有自己的麻烦。因为如果存在是一，那么一必然会提出那些不是一的东西，即多不存在。但这对于思考来说是不可接受的，因为如果呈现不存在，它还会继续决定那些将自己展现为某种存在的东西吗？另一方面，如果呈现存在，那么多必然存在。
>
> 我们发现我们自己处在一个抉择的边缘。这个抉择将会破除诞生哲学并埋葬哲学的一与多的秘密，从哲学自己的智术的耗竭殆尽中涅槃重生。这个抉择只能采取如下形式：**一不存在**（l'un n'est pas）。[1]

巴迪欧将读者带入了在"一"与"多"之间做抉择

---

[1] 巴迪欧：《存在与事件》，蓝江译，南京大学出版社，2018年4月。黑体字为中译本的原文所加。

的两难境地。这里的"一",是一事物之为该事物而不是他事物的"一",而不是该事物之"多"重展现的其中之一。他的结论"一不存在",似可被理解为:人们只能看到事物的某种展现,而不可能理解事物的真正本己,或者说这个真正本己根本就不在。

但是在关联论视域里,我们可将巴迪欧所说的"一"看作"零阶概念"或"零阶自我",而将巴迪欧所说的"多"看作"零阶概念"与多种可能的其他概念关联后的多种"一阶概念",或者"零阶自我"与多种可能的"他者"关联后的多种"一阶自我"或"二阶自我"。这样,巴迪欧的核心概念"作为存在的存在"(being qua being)就在于"一"与"多"的关联。关联在,则"是"在,"一"展现为"多"中之一(但此一非彼"一");关联不在,则"是"不在,"一"与"多"俱隐。

例如,若一棵大树的自身是"一",其在不同季节、不同光线、不同视角下的多种呈现就是"多","移步换景"式的"多",这被称为"远距呈现"。我们也可以将组成大树的树干树枝树叶的众多实体之"多"与大树的"一"相对应,让其呈现"庖丁解牛"式的"多",这被称为"近距呈现"。但应注意,即使大树的某种呈现仅在一片树叶上——"一叶障目",该呈现也是作为大树的"一"之呈现,而不是"叶"之呈现。当然,这片树叶也可以作为"叶"的"一"之呈现,但此叶之"一"

已非彼"树"之"一"了。

笔者认为,巴迪欧在《存在与事件》中所定义的"多"即为"近距呈现"。此处不展开巴迪欧对"多"的复杂定义,仅表述对其在该书"沉思9"中所述"国家"的理解。在那里,与"国家"之"一"相对的,是组成国家的公民"个体的多"。

对于作为他者的观者而言,"一"的远距呈现之所得,显然不同于"一"的近距呈现。这里不仅有美学意义("登高纵览三千里,却少花前一缕香"),更有哲学意义("不识庐山真面目,只缘身在此山中")。不同"视域"形成不同关联,此"多"非彼"多",难以并列,难以计数。是故,《存在与事件》以集合论的数学语言解释"多",笔者总感觉不是很牢靠:"三千里"与"一缕香"本同为"多"之集合中被并列的元素,与将"三千里"与"一缕香"分别归入不同的子集相矛盾,当子集之"多"甚至多于元素之"多"(依据康托尔定律[1])且由此引发"本体论的困境"时,笔者感觉这未必是本体论之困境,而是集合论对本体论的解释之困境。

如果不从"一与多"的视角看"存在"呢?张祥龙在《从现象学到孔夫子》中分别依据胡塞尔与海德格尔的思想解释了"存在"。他先说到胡塞尔的现象学:

---

[1] 巴迪欧:《存在与事件》附录。

"构成识度"是与西方的传统形而上学和自然主义（经验主义）的方法论相对而言的。……这种方法产生的是逻辑上可以被孤立化处理的"存在者"。现象学家则否认这种现成存在者的原本性，认为它们已经是某种把握框架的产物了。"现象本身"或"事情本身"一定是构成着的或被构成着的，与人认识它们的方式，尤其是人在某个具体形势或境域中的生存方式息息相关。换言之，<u>任何"存在"从根本上都与境域中的"生成""生活""体验""构成"不可分离</u>。

胡塞尔写道："事物在这些体验中并不是像在一个套子里或是像在一个容器里，而是<u>在这些体验中构成着自身，根本不能在这些体验中实项地发现它们。'事物的被给予'，就是在这些现象中这样或那样地显示自己（表现出来）</u>。"这段话清楚地表明"构成"乃是"被给予者""现象"以及所有内在超越者的存在方式。这也就是现象学比别的许多学派更深刻和更具有原发性的原因。[1]

张祥龙强调的"构成"，或可理解为他所说的"境

---

[1] 张祥龙：《从现象学到孔夫子》，商务印书馆，2011年。书摘略去了原作里一些词语后括号中的德语原文，下划线为原书作者所加。

域"的构成，也是围绕现象学所说的"关于什么"的境域的构成。如果再加入神经科学的解释，那么这个围绕着"关于什么"的"境域"，就是围绕着那个记忆着"关于什么"的某个特征（如语音）而展开的一个神经元"域"，若干神经元集团被关联在其中。这些神经元集团之间的既有的神经联结，以及每个神经元集团内部各神经元团组之间的既有的神经联结，都是在主体的生活经历中建立起来的，其总体联结网络形成对胡塞尔现象学"构成"概念的神经科学支持。如果仅从存在论角度看，那么这个"关于什么"的事物（如前文例中的苹果）的"存在"，即为该"境域"中该事物与其他事物的"关联"，或者说该神经元"域"中神经元网络之"联结"。怎样从其他哲学理论的视角看这个"关于什么"的"境域"的"构成"，容下文分析。

我们还可以再进一步。回顾一下本书猜想2中所区分的"生成性关联"与"构成性关联"。上述那个围绕着"关于什么"的境域，既有构成性关联，也有生成性关联。其动态过程或许还是要用神经科学来解释。

首先，在"关于什么"的思维活动开始之前，那个记忆着"关于什么"各特征的神经元团组并不具备特殊地位。即将形成的神经元"域"中的各神经元集团之间，以及各神经元集团内部的各神经元团组之间的神经联结，都是在主体的长期生活经历中形成的。它们之间的关联可说是构成性的、静态的关联。那个记忆着"关于什么"各特征的神经元团组也散在其中。

其次,"关于什么"的思维活动被主体的"自我"启动。围绕"关于什么"的神经元"域"被生成。这个神经元"域",是生成性的、动态的、临时的。或许,那个记忆着"关于什么"的神经元集团,是"自我"首先找到的目标,"自我"所在的脑区向该神经元集团发送生物物理信号。与该神经元集团有静态关联的其他神经元集团都可能是下一个被发送生物物理信号的目标。宏观上看,它们都可能"被想到"。所以,这个"域"的边界是生成性的、模糊的,这或许就是被哲学家们感兴趣的"边缘"之所在。接下来,从"关于什么"的神经元集团出发,生物物理信号又依次沿着既有的神经联结被发送到第二个神经元集团、第三个神经元集团,直至本次思维活动结束。这些在该次思维活动中逐次被动态关联的神经元集团组成了一个动态链条,该链条生成了"意义"等宏观意识特性。故该链条中各神经元集团之间的动态关联是生成性的。

最后,张祥龙所说的"境域"之构成性,应该不是本书关联论视角中的那个"构成性关联"。因为构成性关联是指构成一事物之诸元素之间的稳定的静态关联,而"境域"之构成则有明显的动态特征。其实"境域"就是来自胡塞尔的"视域",只是避免了对广义"视域"

的狭义理解（视觉之域）。所以，或可说张祥龙所说的"境域"，体现了本书关联论中的"视域性关联"。本书后续章节将这个体现着视域性关联的神经元"域"称为"生成域"，意为在该域中生成的诸多类型的群体表征。

对于此类"关于什么"的思维活动的哲学分析及神经科学分析都很重要，我们能以此开始解释诸如"意识""思考"等高端精神活动。例如：

猜想 9 意识是基于神经元集团之间的动态的生成性关联。

猜想 10 思考总是"关于什么"的、边界模糊的。

回到张祥龙的书摘：

> 海德格尔探究"时间"的现象学存在论或解释学本体论的构成含义时，认为人的本性并非是那脱开了，甚至是主宰着构成的先验主体性，而是境域式的存在构成——"Dasein"，即"缘在"或"在缘"（是其缘）。这样，"构成"就不再局限于意识的功能主体这个框架内，而是使一切显现或"事态本身"可能的前提。人从根本上就是此纯缘境（Da）或纯构成；它没有自己的现成本质（比如"思想的主体""理性的动物"等），而只在让世界显现的方

式中获得自身。人与世界的根本关系并非主体与客体的关系，而是那在本源的发生中获得自身的相互缘构（ereignis）和相互构成，也就是他在20世纪20年代初讲的"实际生活经验本身"的"形式/境域显示"。

张祥龙将海德格尔思想的核心概念"Dasein"拆解成"Da"与"sein"，且直接将"Da"解释成"纯缘境"。"缘"即"构成"，"境"即"境域"——胡塞尔现象学的"视域"。这样，"Dasein"即译为"缘在"，强调"缘"，强调"构成"。于是，人在境域的构成中获得了自身的"在"。

以关联论理解张祥龙的存在论思想，我们似可以"关联"理解其"构成"。零阶自我"没有自己的现成本质"，只在与他者的关联中获得自身（一阶自我），在与世界的关联中与世界相互构成。"缘"即关联。将"Dasein"译为"缘在"，不是"缘之所在"之意，而是"Dasein""因缘而在"之意："Dasein"是存在论意义上的自我，亦即关联论意义上的零阶自我。

张一兵在深入研究海德格尔存在论思想的过程中，仔细研读了比《存在与时间》更艰深的《哲学论稿〈自本有而来〉》。他把"海德格尔之思"归结为"复式的双层思想构境"：

> 海德格尔一生的思想历程完成了**双重归基**和**双**

第二章 存在

重扎根两件大事：其一是1922年开始的对形（存在者）而上学（对象化表象逻各斯）的透视和克服，使其**归基**为以**不是对象物的怎样开端**的存在论。这件事情贯穿着海德格尔的思想进程始终。请一定注意，海德格尔从来没有简单地**肯定**这个被归基的**存在**；其二是1932年开始生成异质于全部形而上学基础——存在论的**本有思想**。这恰恰是青年海德格尔本己之思的基始起点，只是在克服了形而上学对存在的遗忘之后，他开始**清算暴力性存在**本身，并在1936年开始进行本有思想的秘密生产。这一思想的明确生成，标志着海德格尔的最终决断——放弃人类已经走过的征服世界的第一条道路，进入弃让存在的另一条**归基**于本有的道路。①

笔者读后的第一感觉是，"本有"之境神似陶渊明的"采菊东篱下，悠然见南山"。第二感觉是，该书信息量巨大，涵盖了诸多哲学领域，需细读海德格尔的《哲学论稿（自本有而来）》，期待张一兵的《回到海德格尔——本有与构境》第二卷、第三卷。但若斗胆以关

---

① 张一兵：《回到海德格尔——本有与构境》第一卷《走向存在之途》，商务印书馆，2014年6月。书摘略去了原作里一些词语后括号中的德语原文。黑体字为原文作者所加。

联论揣度海德格尔的双层思想构境,仿照上文用"零阶自我"比照"此在"的思路,似可做如下简单的对应:"零阶自我"分别对应"此在"与"此—在","存在"与"存有"均为关联,"存在"将"零阶自我"之"此在"关联于喧嚣且暴力的尘世,"存有"将"零阶自我"之"此—在"关联于宁静、原初却终极的本有。不知这个简单对应是否还在海德格尔的"思之迷宫"中徘徊。

但并非所有哲学家都认可存在论/本体论的"第一哲学"地位,列维纳斯就要以"伦理"取而代之,提出"伦理形而上学"理论:

> 列维纳斯……开出了一条异质性理路,即从存在之外的"他者"出发而对形而上学进行了重新定位。对列维纳斯而言,形而上学并不是探问本体、存在的学说,而是探问"神圣"的学说。他认为:它引导我们转向"别处"或朝向"他人",因为"他人就是形而上学"。与他人的关系并不会导向一种人类的总体性,也不会导致一种宗教意义的神性,这种关系并不是历史的总体化,而是一种无限的观念。在这个意义上,与他人的关系就是形而上学本身。[①]

---

① 黄瑜:《他者的境域——列维纳斯伦理形而上学研究》,中国社会科学出版社,2014年7月。

第二章 存 在

存在论的传统进路是从"存在者"出发论证存在,海德格尔虽然敏锐地指出不能混淆"存在者"与"存在",但先行定义特殊的自我——"此在"——的进路却并不能令自己满意。虽然据说列维纳斯赞赏海德格尔的《存在与时间》,却并没有遵循海德格尔的思路继续前行,而是对"存在者"加上"存在"这个大写"一"所体现的"总体性"不满意,索性反其道而行之,将立足点转移到与"自我"相对的"他者",从此处投射出现象学的"目光","构造"出"他者的境域"。在从"自我"射出的"目光"与从"他者"射出的"目光"相互碰撞之处,或者用列维纳斯的话说,在"自我"与"他者"的"面对面"之处,就是列维纳斯为"伦理"给出的形而上学意义上的所在之处。

以关联论观之,列维纳斯为"伦理"定位的这个存身之所,正是"存在"的定位之所。在这个意义上,而不一定是在黄瑜所论述之"无限"的意义上,"自我"与"他者"的关联——无论是在"自我"的境域中还是在"他者"的境域中"就是形而上学本身",就是"存在"本身。伦理能否取代"存在"坐上"第一哲学"的交椅姑且不论,但列维纳斯将"他者"提升至能与"自我""平视"的地位,对伦理学来说,功莫大焉。以关联论观之,在"自我"视域中的"他者",是一阶他者而不可能是零阶他者,甚至有可能是二阶他者;同样重要的是,"自我"有意或无意地展现在"他者"视域中的,就是自己众多的一阶自我之一,或者是二阶自我之一。人与人之间复杂的伦理关系、政治关系、经济关系,应该能在这里找到其哲学基石。此处留作接口,不再展开。

在"自我"与"他者"之间交互性的意义上,与上述"对视"或"平视"相比较,常用的"主体间性"(intersubjectivity)概念、胡塞尔的"他我"(alter ego)概念,以及海德格尔的"共在"(Mitsein)概念,其强度与厚度均显不足。

但是列维纳斯并没有将"存在"与"伦理"放在一起,而是定义了"存在一般""没有存在者的存在""不在场的在场","在其中,我们与任何事物无关,因此我们不但无法通过视觉或者思维去把捉这种匿名存在,就连存在者本身也会被其吞噬"[①]。这种直接将"存在"与"存在者"剥离的结果,就是将"存在"理解成了恐怖的"黑夜"。无论这样的"存在"能否被认可,列维纳斯这种将"存在"剥离于"存在者"的定位,都不过是定义了另一个"存在者"——一个包容或吞噬或相对于所有"存在者"的"存在者",仍然未能脱开前人将"存在"混同于"存在者"的窠臼。本书的

---

① 黄瑜:《他者的境域——列维纳斯伦理形而上学研究》。

猜想"存在即关联",虽然不得不采取将"存在"置于主词位置的表述方式,但绝非将"存在"视为另一个"存在者",而是建议了一种新的"视角"朝向或"目光"朝向,即,在任何一个思维活动或意识活动所构造的境域中,那些在该境域中的"相关项"之间的关联或"相关项"与"境域"之间的关联,无论被表述为"是""有""在",还是被表述为"伦理"或"意义"或"行为",都是这些"相关项"的"存在"之所在。

至于怎样理解列维纳斯欲以抗拒"总体性"的"无限性",以关联论观之,零阶自我所可能应对的"他者"是无限的,不是数量无穷大的意思,而是可能的"他者"无以计数的意思。在这个意义上,"他者性"即"无限性"。

马丁·布伯的《我与你》[1]将存在论/本体论"目光"投向"我—你""之间"(between),但对"你"的表述过于宽泛且似乎带有神性,反而令人难以把握住这个"之间",从而冲淡了该哲学思想的普适性。但其存在论/本体论之目光的投向与"关联论"类似,都是避开了两端,投向了"之间"。

然而我们却不能说"存在即'之间'(between)",

---

[1] 马丁·布伯:《我与你》,任兵译,北京联合出版公司,2018年7月。

也不能说"存在即'间性'（inter-）"，因为，关联与无关联都在"之间"，都是"间性"，总不能说存在与不存在都在"之间"，都是"间性"吧？同理，我们也不能说"存在即'相关性'（relationality）"。

布伯对"我—你"之间的关注与列维纳斯对"自我—他者"之间的关注异曲同工。"我"与"你"的目光对视，其适应面虽然不如"自我"与"他者"的对视宽广，却更锐利，更直击心灵，更令"我"/"你"震颤，因而使得"我"在与"你"的心灵交汇时获得的存在感更加鲜活。

"存在"因"关联"之丰满而生动。

我们继续思辨。海德格尔在其《形而上学导论》中曾有追问："究竟为什么存在者存在而无反而不存在？"[①]这是前后衔接的两个问题："存在者之存在"与"无不存在"。现在，"存在者之存在"有了思路，我们还要继续探究"无之不存在"的问题。

无，什么也没有。既然什么也没有，就没什么可思考、可讨论的，或者说，想也想不清楚，说也说不清楚。

但似乎是从海德格尔开始，"此在"被放在了"无"

---

① 段德智：《西方形而上学传统中的一部经典之作》（《论存在者与本质》附录一），《论存在者与本质》，商务印书馆，2018年。

中。以关联论观之,什么都不是、什么都没有,且不在任何一个地方的"零阶自我",就是"存在"于"无"中。除非有一天,神经生物学的科学家能够指明承载着"零阶自我"使命的神经元集群的所在之处。但即便如此,在该神经元集团尚未与其他神经元集团处于动态关联之时,"零阶自我"仍然"什么都不是、什么都没有",且不在除了该神经元集群的任何其他地方。"无"不是黑暗,"零阶自我"不需要光明以显现自身。只要人活着,"零阶自我"总会与他者建立关联,以某种面目显现自身。

如果本书的推论2成立,"在关联论意义上,每一个零阶概念都是与其相对应的事物在主体意识中的零阶自身",那么,不在手上的苹果、未曾谋面的孔子、过世多年的亲人等,都在"无"中,也就都在"心"中。于是,人在此生中迄今所认知的世间万物,曾经"有"过,曾经"在"过,曾经"是"过,即便此时已"没有",此时已"不在",此时已不"是",它们也一直在此人的"心"中。在这个意义上,我的世界,在我心中。

但是请注意,你心中的苹果与我心中的苹果可能大致相同,但你我心中的孔子(如果有)却很可能大不相同,而你我心中的世界一定会有很多不同。

"零阶自我"可能与任意的"零阶概念"建立关联,即可能想到"心"中的世间万物,当然也就可能"有"

所不曾有，"在"所不曾在，"是"所不曾是。在这个意义上，"无"不是一个神秘而无界的"空虚"，"无"就是可能却尚未建立的关联。

猜想 11 无，是可能却尚未建立的关联。

据此回答海德格尔的问题"为什么无反而不存在呢？"：因为，"无"尚未建立可能的关联。

留下一个问题：不可能建立的关联，是不是"无"？

还是回到那棵大树吧。大树的"是""有""在"，都在观者与大树的关联中。关联不在，呈现之"多"不在，自身之"一"亦归为"零阶"而隐去。当然，人们会说，"大树还在那里""大树的存在不以人的意志为转移"，等等。但是仔细想想，说这些话的时候，"大树"的概念会在说话者的心里显现。说话者的"一阶自我"已经将"大树"的概念与"那里"所指代的概念建立了关联——神经元集团之间的生理关联。说"大树还在那里"的时候，关联在，大树就在。此时，零阶自我已经成为一阶自我，"大树"的零阶概念成为一阶概念，因其相互之间的关联。如果不继续说大树了，转而想别的事情，零阶自我与其他概念建立了关联，大树的概念就会回归零阶。"人的意志"似乎对大树的"存在"有些作用，这个作用不是使大树不在那里的作用，而是与大树共同构成大树所在之"境域"的作用，以及随后令大树在心中归隐的作用。

然而，一棵大树进入观者的视野时，观者怎么就能认识它"是""大树"呢？换一句更哲学一点的话说：对于观者来说，大树的"是""有""在"纵然被观者与大树之间的视觉关联所确认，但大树对观者之初次呈现是怎样令观者构建了"大树"的零阶概念呢？如果没人见过这棵大树，那它还在不在呢？

这就需要我们从存在论转入认识论了。

第三章 意义

我们仍然从"概念"入手。

不同的人,对于简单的概念,如"苹果",其理解应该差异不大;但对复杂的概念,如"大树",其理解就会有所不同;对更复杂的概念,如"世界",其理解就会有很大的不同。即便是同一位论者,笔者在此不揣冒昧地猜测,当他身处大自然的壮美环境、赞叹"世界真美好"时,当他评论战争、感慨这个"疯狂的世界"时,在他的内心里,与同一个"世界"概念所对应的事物是不同的事物。不同的哲学家、科学家对"世界"的定义会更加不同:有的"世界"被认为是相对于主体的"客体",有的"世界"被划分为"经验"的、"先验"的或"超验"的,有的"世界"被经典物理定义,有的"世界"被相对论描述,等等。

在语言学里,"世界"是一个语词,而且是一个多义词。那么,作为概念的"世界"与作为语词的"世界"有没有不一样的地方?作为概念的"世界"是被分析、被研究的？作为语词的"世界"是被书写、被口述的？但无论作为概念还是作为语词，每个人都知道"世界"的意义（meaning），否则他/她就无法使用这个概念或语词。但是，什么是"意义"？每个人在说话、写作、思考时都明白的"意义"是如何被他/她事先知晓的？在"意义"的视域里，"世界"是作为"概念"还是作为"语词"似乎不那么重要了。所以在这里，暂且将"概念"与"语词"放在一起讨论，毕竟它们有共同的外表，如"世界"。

本书猜测，在人的神经系统中，每个概念/语词都对应着至少一个神经元集团。在该集团中，有些神经元"记忆/存储"表达该概念之语词的多种语音（含方言），有些神经元记忆该概念/语词的多种文字符号。对于使用同一个语言系统的人来说，一个人说出一个概念/语词的语音或写出一个概念/语词的字符时，因为与其他人的记忆相同，故能得到其他人的理解并认同。但是对于某个概念/语词的含义、所表达的意思，即便排除与上下文相关的即时因素，不同的人也可能会有不同的理解。其原因很可能是：同一个概念/语词所对应的神经元集团在不同人的神经系统中所关联到的其他神经元集团不尽相同，而被关联的其他神经元集团记忆着不同的事物。因此，同一个概念/语词所能关联到的事物，对于不同的人就不尽相同。之所以不同，与人们最初建立该概念、知晓该语词的社会环境有关,如家庭、学校;与人生经验有关,如读书、人际交往、生活历练、反思;与该概念/语词被"构造"进去的"语境"有关。那些复杂概念或多义词,其生成过程、变化过程都融进了复杂的社会因素、文化因素及本人的心理因素。

20世纪初兴起的逻辑实证主义学派试图基于严谨的逻辑学原则去理解语言、规范语言,但作为该学派主将之一的维特根斯坦,却在他的晚年修改了自己早年的学说,试图更多地从语言的实际使用出发而不是仅从定义及逻辑推理出发,去把握语词的意义。

逻辑实证主义学派所推动的"分析哲学""语言哲学"引领了20世纪的哲学发展潮流,且将"意义"问题送到哲学研究的核心地位:

> 事实上,我们可以说,(语言)意义问题是当代西方哲学的根本问题,正是因为这个理由,当代有些哲学史家甚至认为古代、近代和现代哲学的主要区分在于:古代哲学研讨存在问题,近代哲学研讨认识问题,而现代哲学研讨意义问题。[1]

一个有趣的类比:每个人说话的时候都明白自己所说

---

[1] 洪汉鼎:《当代西方哲学两大思潮》,商务印书馆,2011年。

之"意义",却难以对"意义"给出恰当的哲学解释；正如每个人都确实"存在",但"何为存在"却众说纷纭。

语言之所以重要,不仅因其承载着人际交流,更因其承载着人的思想。一个人在想一件事情的时候,可能会产生多个想法,其中每一个想法,只要自己认为想清楚了,都会在心里产生一个或多个语句；如果一个清楚的想法都没有,就可能对自己说"没想清楚"。其实"没想清楚"这个语句也表达了一个清楚的想法：没想清楚。因此我们似乎可以判断：一个语句与一个清楚的想法,互为充分必要条件。仔细想来,给"想法"下定义很难,我们似乎只能用语句来定义想法。于是有了关于猜想性的定义：

猜想 12 一个人意识到自己有了一个清楚的想法,当且仅当该人的意识中同时产生了一个自认为表达了该想法的语句时。

一个语句表达一个想法。一个想法是一个动态思维活动的结果,既可能是思维活动的中间结果,也可能是思维活动的最后结果。表达该想法的语句如果被记住,那么这个想法就可能会沉淀为理念。

然而,想法与语句有上述对应关系,却未必与动作有对应关系。例如,我有了想法及语句"看看词典里是怎样定义'想法'的",于是拿起手边的词典,开始寻找"想法"词条。此时我有两个动作:伸出右手拿到词典并放到身前,再伸出左手与右手配合打开词典。在这个过程中,我心里并没有产生关于这两个动作的想法与语句,一定是神经系统中与生成语句没有关系的部分指挥了这两个动作。接下来,我可能就会有如下想法的序列:"向后翻""向回翻""就在上一页了""找到了",每个想法都会在心里说一句,都是一个按字母表做出判断的思考小过程的结果,但执行翻页的手指动作却是"自动"的,内心并未出现描述手指动作的想法及语句。我们暂且将一个想法与该想法所可能导致的动作区分开来:"查词典"的想法与该语句("查词典"这个字符串)对应,这是一个层面;翻词典的实际动作,也应该对应着一串"指令",其中每个指令指挥一组肌肉动作,这在另一个层面;"字符串"与"指令串"在神经网络中的实现或许都是类似的神经元团组的动态关联,这在另一个层面。此为后话。

人的神经系统有很强的并行工作能力。如:走路时想事情,合唱时听着其他声部且看着指挥,在球场上运球时想着与队友配合的战术,等等。思考、产生想法及其语句,只是神经系统的活动之一。如果哲学家的视野聚焦于人的思维活动,就会出现如维特根斯坦所说的边界:"对于不可言说的东西,人们必须以沉默待之。"但许多说不清楚的精神活动，如情感、动机，都与思维活动密切相关。甚至思维活动中许多深度的动态过程，恐怕也是说不清楚的。如果仅仅因为说不清楚而被关在哲学思考的大门之外，那这应该算是哲学家的一大遗憾。尽管弄清楚这许多说不清楚的事情，最终还要依靠神经科学的猜想与证实，但希腊哲学先贤们在没有两千多年以后的现代物理学的情况下依然给出了许多深刻的哲理，应该成为现代哲人的榜样。当代哲学的发展，不应该把目光仅仅停留在语言上了。

留下这个话题后面再说。在这里还是把思路收回来，继续想一想能说清楚、想清楚的思维活动。

想法可以由语句来定义，组成想法的概念却未必能够由组成语句的语词来定义。这是因为语词与概念不一定有一一对应的关系。一个语词可能表达多个不同意义，被称为"多义词"；多个不同语词也可能表达一个意义，被称为"同义词"。但无论是多义词还是同义词，其中的那个"义"即"意义"都未必能等价于一个概念。既然概念与语词不能一一对应，以下就不能将概念与语词放在一起分析如何弄清楚它们的意义，而需要分别考虑概念的意义及语词的意义了。思路是先看看在神经元网络中，语词、概念是如何被表达的。

在神经元网络中，一个语词既可以被其语音信息记录，也可以被其字形信息记录。这些信息应该被关联在

第三章　意　义

一个特定的神经元集团中。但是概念就不好说了。不好说就先不说，就先看一下语词的"意"。

以语词"白"为例。当父母指着白色的物体对孩子说"白"时，孩子看到的颜色信息所在的神经元团组与听到的汉语语音信息所在的神经元团组之间就建立了关联。类似的场景可能需要多次重复，在孩子的神经系统中，"白"的颜色与"白"的语音就建立了固定的关联，逐渐形成了关于语词"白"的神经元集团。孩子长大一些，被父母或教师指导，认识了汉字"白"，进一步丰富了语词"白"的神经元集团。在关联论的论域中，"白"的语音神经元团组与记录白颜色的神经元团组之间的关联，就是语词"白"的意义之一。

这一认识过程的社会意义在于，孩子内心中语词"白"的白颜色意义，与父母、教师、同学及汉语社会中其他人内心中语词"白"的白颜色意义是一致的，从而奠定了孩子与汉语社会其他人进行语言交流（听、说、读、写）时对语词"白"之白颜色意义的理解一致，且达成了语词"白"之白颜色意义的代际传承。接下来，当"white"（白）的语音及字形与"白"建立了关联时，说汉语的孩子就进入了英语世界。

然而语词"白"还有其他意义，如人的姓氏。假设，上述孩子 A 不姓白，且在稍大些时认识了一位姓白的小朋友 B。于是，在孩子 A 的神经系统中，记录这位小朋友 B 的神经元群组或神经元集团就被关联到关于"白"的神经元集团，孩子 A 就理解了"白"的姓氏意义。

但是语词"白"还有"明白"的意义[①]，"明白"就不像"白颜色"这样具象了。主体对于"明白"的第一次理解，笔者揣测，应该发生在某个场景中，主体在该场景中听到或读到了至少一个关于某事物的陈述句，且被问到"明白了吗？"。此时主体刚刚经历了一个理解该陈述句的思考过程，知道自己是不是理解了陈述句的意义，所以当被问及明白与否时，或许能领悟到"明白"就是对该陈述句是否理解之状态。实际上，这是一种反思的能力：在事情过去以后返回去想刚才的场景及自己在该场景中的经历及状态。于是，在主体的神经系统中，刚刚听到的语词"明白"之语音的记忆，就与在反思中对陈述句之理解与否的状态的记忆建立了关联。以后类似的经验多了，记忆"明白"与记忆"对某个陈述句之理解与否的状态"的反思这两个神经元团组之间，就建立了相对稳固的关联。主体就会为"明白"赋予"对某个陈述句之理解"的意义。上述过程与主体是否认识语词"明白"的字形，关系不大。对于这样的常用词，主体应该在学会查词典之前就理解了它的意义。所以，在神经元系统中，关于"明白"的神经元集团未必与记忆"白"

---

① 《现代汉语词典》词条"白"，商务印书馆，1996年。

的神经元集团有紧密的联系,尽管有相同的"白"字。

类似"明白"这样的非具象语词,或许都需要某种反思来建立语词与某个过程的关联,并为该语词赋予意义。而反思这样的思考行为,应该是与此前刚刚结束的另一个思考行为发生在同一个神经元"域"中,且很可能是多次重复的结果。对非具象语词之意义的理解,或许是人类特有的能力。

综上,借助分析语词"白"之意义的建立过程可以归纳出,一个语词的"意义",生成于该语词的语音/字形与某事物之间的关联中,或者用更严格的说法:

猜想 13 记录着一个语词之语音表征或字形表征的神经元团组与记录着某事物之表征的神经元团组或集团之间的动态信息投射所形成的表征之间的关联,生成了该语词的意义。简言之,语词的意义生于关联。

这里有必要对"神经元集团"做较为深入的解释,作为从神经科学的角度对猜想13的解释与支持:

> 大脑皮质的某些区域被称为原始的感觉区,它们接受专门的感觉。如原始的视觉皮质分析来自眼的信息。在它们周围的有关区域,来自专门感觉的资料会与来自其他感觉的资料进行整合分析,与记

忆和知识的资料进行比较，并与感受和情绪结合。这样，一旦看到一个特别的景象，我们就会认识、鉴别、给它命名，想起来曾经在哪里见过，回忆起有关的感觉，如某种气味以及与情绪相关的经验。[①]

在本书建议的关于人类意识的理论假说中，"神经元集团"处于第三层级。第一层级包括大脑皮质的各原始感觉区，初步分析并记忆来自所对应感官的信息；第二层级包括大脑皮质的各联络区，对来自所对应感觉区的信息做表征分析并记忆之，形成"神经元集团"的构成元素。以下仅围绕语言"意义"的主题着重解释视觉信息与听觉信息的处理过程。

先看第一层级：视觉皮质区、听觉皮质区。

位于脑枕叶的第一视觉皮质处理来自左眼视网膜与右眼视网膜的大量视觉信息。视网膜上数百万个视锥细胞发送视域内各点的颜色信息，其中，对较长光波长敏感的视锥细胞发送的信号被解读为红、橙、黄色信息，对中段波长敏感的视锥细胞发送的信号被解读为绿、青色信息，对较短波长敏感的视锥细胞发送的信号被解读为蓝、紫色信息；视杆细胞发送的信息则被解读为光强

[①] 史蒂夫·帕克:《人体》，左焕琛主译，上海科技出版社，2014年1月第二版。

度信息。这些信息由 100 多万根视神经传输，在经过左右交叉、丘脑预处理后，双眼左侧半视野的信息到达右侧视觉皮质、右侧半视野的信息到达左侧视觉皮质。

位于脑枕叶的第一视觉皮质区分为 8 个专门区域，分别对视觉刺激做出反应，分辨角度、对称度、运动方向，分辨颜色、方位、形状、运动，觉察视野周边运动，感知对称，等等（见插页图 1）。这些视觉信息，连同视野中的空间位置信息，分成两路进入视觉联络皮质。其中，进入颞叶背侧的信息将被分析"在哪里"的视觉表征，进入颞叶腹侧的信息将被分析"是什么"的视觉表征。[1]

在这些专用皮质区里，可能还有若干特定部位，每个部位在持续受到同一种信号的刺激以后，会逐渐形成对该信号的记忆。形成记忆的机制大致如下：神经元的树突（对来自神经轴突信号的接受体）受到某些机制的调控，会对某一种外来刺激处于敏感状态；该神经元在接收到刺激以后会将信息"投射"[2]给予其联结的下一个

---

[1] 上段及本段编自《人体》图册。
[2] 投射（project, firing），从一个神经元经由神经纤维向另一个神经元发送电化学信号的动态过程。电化学信号的发送机理是：发射端的神经元受到刺激后冲动，发生的化学变化形成电势差，产生微弱电流，电势差强度约为 100 毫伏，持续时间约 1 毫秒。可参阅《人体》图册。

神经元；第二个或第三个接收信号的神经元可能会生长出新的神经及其轴突，与此前没有神经联结的神经元建立联结；这几个神经元的进一步兴奋会逐渐形成由一个或多个神经元组成的"环"；多个这样的环路互相联结，形成了一个小网络；当这个小网络里的神经元对一再来临的刺激逐渐"习惯"[①]，不再敏感也不再兴奋时，就形成了该网络的相对稳定的边界[②]。于是，当初刺激这个小网络形成的那个信号，就被"记忆"住。我们姑且称这个小网络为一个"记忆簇"。一个记忆簇的维持时间，可能取决于被记忆信号来临的频繁程度。该信号的再次出现会强化记忆簇内的结构，但该信号的长期缺失可能造成记忆簇的逐渐解体。这里描述的"记忆簇"，应该也适用于听觉皮质、味觉皮质、嗅觉皮质、触觉皮质（躯体感觉皮质）等直接与感觉器官联结的初级皮质。

人类听觉的传感原理很早就被研究清楚了：来自双侧耳蜗的听觉信号经过复杂传递及丘脑预处理，进入听觉皮层（含第一、第二、第三听觉皮质），其中第一听觉皮层的不同区域对听觉信号的不同频段依次敏感，所

[①] 本段中与形成记忆相关的"敏感性""习惯性"概念取自：萨克斯，《意识的河流》，陈晓菲译，银杏树下（上海）图书有限责任公司出品，北京联合出版公司出版，2023年7月。
[②] 本段中关于记忆小网络的生成描述，编自《人体》图册。

听声音的强度、音高、声源方位等信息被感知。但是我们对于听觉皮层的信号处理机制之研究的深入程度似乎不及对视觉信号的研究，如对三个听觉皮质的分工就不甚清楚。笔者揣测，其原因之一在于，听觉信号是一个时变过程，对于听觉内容的接收与分析要同时进行，很是紧迫。与其比较，视觉内容主要是在空间维度上的变化，而在时间维度上的变化则会相对缓慢，画面局部的突变才能引发主体的关注，故视觉皮质通常有比较充足的时间分析所接收的视觉信号。

我们可以设想一下，一个人在与另一个人对话，听者必须在对方说一句话的过程中就开始理解其中语词的意义，然后在这一句话结束后立即理解整句的意义。在短短的数秒时间里，听者首先要能分辨所听到语句中的各个语词，然后逐一理解各语词的意义，最后才能理解完整语句。其中的第一步也是最难的一步，是分辨出语句中的语词，特别是关键词语。被分辨的语词，应该包含两方面的信息：一是语词的声音内容，被声音频率、强度及其外包络线等物理特征表达；二是语词在语句中的顺序位置，或者说语词的时间定位。

比照视觉皮质区的工作原理，一个完整视野中各部分的空间位置信息是由丘脑整合后送到第一视觉皮质区的，而听觉皮质区则要自行"标定"每一个被辨别出的语词的时间位置。

罗欢研究团队认为，听觉序列中的每个声音所引起的神经活动都携带两个并行标签：其所处的（时间）位置信息和其声音频率（内容）信息。"我们大脑里面会有一些非常基本的内生的时间尺度"，由此可生成"一些非常短的时间窗口，大概几百毫秒。大脑通过这样一些时间窗口把不断进入的连续语音切割成一块一块进行加工。切割得越好，语音理解度就越高"。[1] 这种内生的节拍很可能就是发生在第一听觉皮质区，不仅对于声音内容的分辨（如语句中的语词分辨）十分重要，而且能影响到脑全局，如脑额页的行为计划等功能。[2]

但是，人类从一个听到的语句中逐一辨别出每个语词的语音，究竟是在听觉皮质区完成的，还是在其后的听觉联络区完成的，仍然没有定论。这里只能假设，听觉皮质区向其后的听觉联络区传输的，是各时间区段内的分段语音的语音串，或许是去除掉噪声的比较"干净"的语音串。其中每段"语音"，应该是某种类型的音频物理特征，而不是音频物理信号。

如果听觉皮质区里有"记忆簇"，那么它们所记忆

---

[1] 可参阅：Fan, Y. Han, Q., Guo, S., Luo, H. (2021), Distinct neural representations of content and ordinal structure in auditory sequence memory. *Journal of Neuroscience*, 2021, 6。《罗欢：记忆可以改写吗？》，2022 年。
[2] 可参阅：《人体》第 103 页。

的内容应该是经常出现且相对独立的分段语音，如"妈妈""是"，等等。

归纳视觉与听觉初级皮质中的"记忆簇"，或有这样几个特点：记忆内容单一；记忆内容的"意义"不能独自确定；一个记忆簇的位置与记忆内容不是由更高级的层级分配或安排的，有一定的随机性及个体差异性；在人类进化、脑进化的漫长过程中处于较古老的皮层区；等等。它们都具备一个"原始"的功能：有通路直接联结到情感区（如杏仁核），将最危险的信号（如"天敌"的身形或声音）尽快通知给"自我"，或者令动人的旋律直击人心。

下面看第二层级：视觉联络皮质、听觉联络皮质。

离开听觉皮质的语音串信号进入紧邻的韦尼克区（Wernicke's area）。如果韦尼克区受损，那么受损者可能口语仍流利，但说出的话混乱无意义。所以公认该区主要负责处理对语言的理解，但处理机理不明。

笔者猜测，韦尼克区记忆了此前收集的大量相对独立的语音信号。在接收到来自听觉皮质的语音串以后，它会将收到的独立语音信号逐一比较此前被记忆的诸多语音信号。如果与某个被记忆的语音信号相同或大致相同，该"记忆簇"就会被加强，且该语音信息会被输出至下一层级。

这里需要注意输出信息的性质。被输出的特定语音的信息，很可能不再是被传送到韦尼克区时的"内容"，即不再是该语音的某种类型的音频物理特征，例如不是"蓝"的语音 lán 的某种物理特征，而是该"记忆簇"自身的标识。它会告诉下一层级中与其对接的神经元：语音 lán 来了。

如果输入的语音信息没有找到与其相同的被记忆语音信息，就将会被作为新成员记忆，但可能不会被输出至下一层级，因为没有神经通路可用。这个语音新成员能否生长为记忆簇，要看一段时间里是否会遇到相同或类似语音。它在生长为记忆簇的同时，也会寻找或新生一根神经联结下一层级。

这样，输入的语音串会被逐一"过滤"，或者被"贴"上某记忆簇的"标签"进入到下一层级，或者被暂时留下。

"贴标签"的哲学意义及信息学意义在于：完成了从具象信息至非具象信息的过渡。

再看视觉信号。离开视觉皮质区进入颞叶腹侧的一路视觉信号，在梭状回的中部进入了一个特别区域，在该区域中，视觉信号中的文字字形被识别，故该区域被称为"视觉词形区"。[①] 进入颞叶背侧的另一路视觉信号则进入颞下回，在该区域中，视觉信号中的物体形状

---

① 丁国盛：《人脑如何处理语言》，《教育家》，2020 年第 4 期。

（或颜色等特性）、人脸相继被识别。[①]

这些"识别区"的识别机理，很可能与语音识别类似。每个识别区中都存有大量此前积累的字形记忆簇或物体形状记忆簇或人脸记忆簇。每个识别区的输入信号都要与这些现有记忆簇比对，相同或大致相同者会被贴上该记忆簇的"标签"输入到下一层级，且顺带加强该记忆簇；不同者被暂时留下等待生长为新的记忆簇的机会。

"视觉词形区"里记忆的大量文字字形，包括不同字体的字形。在汉语语系的人群中，被"认识"的字应该大都在该区域中被记忆，而"不认识"的字，无论是从未认识过的字还是被忘却的字，此刻应该大都没有被该区域记忆。在印欧语系的人群中，被记忆的文字字形，除了少量字符外应该大都是语词（word），包括各种花体字。

需要注意的是，文字语音、文字字形被识别，都不是文字的意义被解读。文字意义的解读在第三个层级。

我们还可以沿用相同的思路分析"感觉联络皮质"。它也在第二层级，整合来自躯体感觉皮质的信号，位于顶叶各对应区域。例如，触觉的联络皮质区在顶上小叶，被用于解读触觉的意义，如被摸到的物品。细节就不在此处展开了。

---

① 《人体》，第 111 页。

下面进入第三层级：缘上回、角回。

在教科书中，缘上回（supramarginal gyrus）被称为"听觉性语言中枢"，而角回（angular gyrus）则被称为"视觉性语言中枢"，也有将它们都归并到韦尼克区的。它们处于脑枕叶、颞叶与运动皮层的汇合部位，此处被列为脑的三大"联合区"之一，且这里的大脑皮层中专门用于记忆与联络的第三级皮层[①]特别发达。至少，从颞上回向这里传递语词的语音信息，从梭状回向这里传递语词的字形信息，从颞下回向这里传递物体形状（或颜色等特性）、人脸信息，都有脑皮层连通，其间没有脑沟的生理区隔。这样我们就可以假定，记忆语词或字之语音信息的记忆簇，记忆字之字形信息的记忆簇，记忆物体形状（或颜色等特性）、人脸信息的记忆簇，都可以分别联结到缘上回或角回。据此，我们或可做如下推测：

- 一个记忆语词或字之语音的记忆簇在缘上回或角回，与一个记忆物体形状（或颜色等特性）的记忆簇构成了直接联结。该联结为该语词或字的语音赋予了该物体的表征意义。如："球"的语音与

[①] 大脑皮层可分为六层，每层用罗马字符Ⅰ至Ⅵ标记。这六层按组成细胞类型又可分为三级，其中：一级具有传感模式特异性，二级加工一级信号，三级记忆并传输。

球的形状之间的关联，为"球"的语音赋予了圆形球的表征意义。该联结的建立与巩固，应该是主体一次或多次的经历：听着"球"的语音被引导（或自己主动）看着球。

- 一个记忆语词或字之语音的记忆簇在缘上回或角回，与一个记忆人脸的记忆簇构成了直接联结。该联结为该语词或字的语音赋予了表示人的意义。如："妈妈"的语音与妈妈的面孔之间的关联，为"妈妈"的语音赋予了妈妈的表征意义。该联结的建立与巩固，应该是主体一次或多次的经历：听着"妈妈"的语音被引导（或自己主动）看着妈妈的面孔。

- 一个记忆语词或字之语音的记忆簇在缘上回或角回，与一个记忆该语词或字之字形的记忆簇构成了直接联结。该联结为该语词或字赋予了语音。如："蓝"的语音 lán 与字形之间的关联，为"蓝"字赋予了 lán 的语音。该联结的建立与巩固，应该是主体一次或多次的经历：听着 lán 的语音被引导（或自己主动）看着"蓝"的字形，或者反过来，看着"蓝"的字形被引导（或自己主动）听着（或拼读）lán 的语音。

- 如果一个记忆语词或字之语音的记忆簇在缘上回或角回，与一个记忆物体形状（或颜色等特性）

的记忆簇已经构成了直接联结,则记忆该语词或字之字形的记忆簇可以加入这组联结。如:主体已经知道了 lán 的表征意义是蓝色,然后被引导(或自己主动)又见到"蓝"的字形,于是知晓了"蓝"字的读音及意义。类似地,主体也可能先知道某字字形及意义,后知道其读音。

- 一个语词或字的语音、字形及意义的初次表征这三个要素,构成该语词或字的被认知。分别记忆三要素的记忆簇,组成了该语词或字的神经元集团,在缘上回或角回中与这三个记忆簇建立了固定联结的单个神经元或由多个神经元组成的小组。我们可将其命名为该神经元集团的"根节点"。

- 有了根节点的神经元集团,可以陆续拓展联结到其他记忆簇,为该神经元集团增加新的字形、语音或意义。这种联结的建立和巩固,是主体相关行为的结果。如:"蓝"字的神经元集团,会被加入英语词 blue 及其读音,以及姓氏蓝的意义。再如:婴儿脑中"妈妈"的神经元集团,可能会被加入妈妈的嗅觉、触感,等等。

- 两个或多个神经元集团的根节点之间也可能建立联结,关联出新的词意或词组,如:"蓝天""天蓝"。常用的词组可能成为相对独立的神经元集团,如人名、地名、缩略语等。此类组合而成的神经元集团的根节点在哪里需要考证,或许与该神经元集团逐渐形成的顺序有关。

- 一个神经元集团被建立以后,主体每次听到或读到或想到一个语词,该神经元集团内部都会经由根节点发生一次生物电化学信号的动态投射,其入口分别是听觉皮质区、视觉皮质区或其他脑区,其出口是初次为该神经元集团建立表征的那个记忆簇。该表征就是本次听到或读到或想到的语词的"意义"。但如果是多义词,投射可能会产生不确定性,容下文展开分析。

一个"神经元集团",无论在哲学视域里,还是在生物学视域里,都既是稳态的构成性关联,又可能是发生动态的生成性关联。

构成性关联是指,确实有大量分散的神经元经由三个层级的神经联结被汇集到一个"根节点",形成了一个相对稳定的神经元网络。这个构成性的空间结构,是主体与其周边世界长期互动的结果,会表现出主体性、个体性与交互性。其自身在人生的长时段中的缓慢变化,会表现出历史性与现实性。

生成性关联是指,分散在不同区域的神经元簇所记忆的不同表征之间的一次动态投射,为一个语词生成出(或涌现出)一个"意义",从而使生物物理层级的信息跃升至意义层级。该信息会表现出动态性、个体性,以及由所经通路可能不同而导致的不确定性。其结构与机理与人类发明的数字信息系统显著不同。

神经元集团在人类意识中的其他作用，留待后文描述。

综上，我们应该可以印证或支持本书猜想13："语词的意义生于关联。"

接下来我们试着解释"概念"的意义。先看"概念"自身的词义：

> 概念：思维的基本形式之一，反映客观事物的一般的、本质的特征。人类在认识过程中，把所感觉到的事物的共同特点抽出来，加以概括，就成为概念。比如从白雪、白马、白纸等事物里抽出它们的共同特点，就得出"白"的概念。①

这个定义涉及"客观""一般""本质"等范畴，这里暂不展开讨论。该定义的核心理路之一，是用"抽""概括"来描述概念的生成过程。但是细想起来，我们的先人如果先有了"白雪""白马""白纸"等概念，"白"已经在这些语词中了，还有必要再抽出"白"吗？合理的顺序似乎应该是：很多年前，某人看到某

---

① 出自《现代汉语词典》。

种自然事物如雪，第一次说出语词"白"，建立起语音"白"的神经元记忆簇与颜色"白"的神经元记忆簇之间的关联，建立起语词"白"的神经元集团。然后他又看到另一种自然事物如马，此前已经建立的神经元集团"白"与"马"的视觉记忆簇发声关联，生成新词"白马"，人们开始用"白"形容马。然后又有很多人用语词"白"形容"纸"，生成新词"白纸"。语词"白"的意义逐渐趋于稳固。

此时的语词"白"能不能算作概念"白"呢？这就要看怎样定义"概念"了。

如果按弗雷格的定义"概念是其值总是为真的函数"[1]，那么可能只有学过分析哲学的学者才能读懂。笔者读过王路在《逻辑与哲学》[2]中对弗雷格思想的解释之后，试做一个浅显的判断："白"是一个概念词，却不一定是概念，取决于使用"白"的语句是否为真。如语句"雪是白的"，由于描述真实，所以在这句话中"白"可被认作概念。稍后笔者会在"真"的章节中继续这个话题。

如果按上述词典的思路将"概念"定义为能够表达很多事物共性的思维形式，那么语词"白"过渡到概念

---

[1] 薛瑞:《论弗雷格的概念》,《重庆理工大学学报（社会科学）》，2013 年第 7 期。
[2] 王路:《逻辑与哲学》，清华大学出版社，2019 年 3 月。

"白"应该是一个缓慢的历史过程。随着可被"白"形容的自然事物的种类逐渐增多,"白"才逐渐成为借以表达很多白色物体共性的"概念"。当"白"之概念被广泛接受以后,人们才会用具体的白色物体解释之。这一发生学过程的直观特性,或许就是胡塞尔现象学中的"本质直观"(wesensschau)或"范畴直观"(kategoriale anschauung)。

接下来的问题是,"白"的概念固然有白颜色的图像作为其清晰的具象,但是比"白"更抽象的概念"颜色"呢?想来似乎是"白色""红色""绿色""蓝色"等的共性,是各种具象色的抽象。但参考上一段的疑问我们会发现,"色"已经在"白色"等具象色的语词中了,还有必要再抽出"色"吗?"色"的概念一定是与某个或某些具象色关联在一起的,建立"色"的概念同样应该不是"抽象"这一思维活动的结果。当然,这里需要考证:在古汉语里,是先有某个具象色的语词(如"白"),还是先有抽象的语词"色"。至于"颜色",另有"面容之色"的语义。或许,在古代,语词"色"是源于语义为"面容之色"的语词"颜色"呢?因为以此可以解释"色"的另一个语义"色情"。总之,概念"颜色"仍然可能生成于某个过程,但未必是抽象于多种具象色。

我们继续"概念"是抽象出来的思路。"颜色"的抽象是什么？似乎不大容易确定了，或者说不大容易有共识了。从物理学看，"颜色"可以与"硬度""温度""湿度"等概念一起，被抽象成"物理属性"；从生物学看，"颜色"可以与"形状""尺寸"等概念一起被抽象成"视觉属性"；等等。"颜色"的抽象不能确定，大概是因为这个层级上的各种抽象尚未形成共识。

其实一个更基本的问题是：为什么要抽象呢？人们对抽象的追求，或许源于古希腊哲学家所倡导的形式思维。因为只有借助形式思维，人们才能像毕达哥拉斯那样进入绝妙的数学世界，像柏拉图那样探求隐藏在事物表象背后的"理念"，像亚里士多德那样揭示事物间的逻辑关系且将谓词所描述的事物属性归类为范畴。

在形式思维的世界里，作为基本元素的"概念"之设定仅取决于该世界的构造者，无论这个概念有没有来自具象世界的解释。如，二进制的数字"1"与十进制的数字"1"不完全相同，字符"x"在不同的数学空间有不同的设定，概念"无理数"来自数学世界的推演，等等。

形式思维、抽象思维、理智思维、数学思维等，自古以来，无论在东方还是西方，都被认为高于感性思维、经验思维，被认为先于或超越具象思维，被认为是人类独有的能力。在这个理性世界中寻找永恒的真理，是我们人类的伟大梦想。

然而，再抽象的概念也要用语词为其命名、用语句为其定义，再严谨的理念也要被语句陈述、推演，再绝妙的形式思维也都产生于人脑这数百亿个相互联结的神经元。至少，迄今人们没有发现足以引导人类思维层级出现跃升的"神迹"。或者降低一点要求，人们没有在人脑中发现一个相对独立的神经元区域，能使"概念"以非语词方式被运用与记忆，使思维以非语句方式被推演。况且人类能在不算很长的年代中逐渐进化出一套语言能力及系统，已经是一个独有的"神迹"了。

确实有一些概念是无法按照主体与外界实体之关联定义的，特别是与主体内在感觉相关的概念，如"疼""高兴""明白"等。即使医学技术能将"疼"区分得十分细致，但一个没有真正感受过某种疼的人也无法真正理解那种疼。"高兴"的字面意义是"很高的兴奋度"，而不是高兴者的内心感受；"明白"是两个形容词"明""白"的堆叠，比喻那种一览无遗、无遮无拦的场景，而不是"明白"者的内心感受。换个词呢？"理解"？"懂"？"理解"说的是"理性可解""按道理可解"；"懂"，据说在古汉语里与"懵懂"一道意为"不懂"，居然在明朝的口语里词义被转换。这种"正反同词"的现象在古汉语里并不少见。在词典里，这几个同义词之间互相定义，因为人们内心的感受确实是"只可意会、不可言传"。

然而这些与主体内在感觉相关的概念也确实已经被大家"理解"了。这就是所谓"感同身受"吧,用自己的内心感受去理解他人的内心感受。虽然没有那种真实感,但也确实能达到可以接受的准确度。所以此类概念,仍然是生于关联,被关联的确实是被语词"所指"的内心感受,虽然不能亲眼所见,却能感同身受。

对于无论内外皆难以关联的概念,我们可以设想,在一个纯形式的思维空间中,任何一个概念都完全没有具象解释、定义、设定。但对象总要被定义、解释、设定吧?用什么来定义、解释、设定呢?我们还是要用包含有该空间中其他概念的陈述,或基于该空间所默认公理的陈述。于是,概念 A 被一个基于概念 B 或公理 C 的陈述所定义、解释、设定。我们可以说:概念 A 的意义生于其与概念 B 或公理 C 的关联。如果"神经元集团"的假说成立,那关于概念 A 之语词的神经元就应该确实关联到了概念 B 之语词或公理 C 之语句。

结论是:无论概念是具象的还是抽象的,"抽象""直观",抑或"联想""归纳""命名"等,都是"关联"。于是我们可说:

猜想 14 概念的意义生于关联。

既然语词的意义及概念的意义均生于关联,那么是不是可以说：在意义相同的前提下，一个"语词"与被该语词表达的"概念"是等价的？例如，在"颜色白"的意义上，语词"白"与概念"白"等价。但是在"姓氏白"的意义上，二者不等价。然而在"明白"的意义上，尽管它也是语词"白"的意义之一，却未必是概念"白"的意义，故二者是否等价不确定。但语词"明白"与概念"明白"应该等价。于是我们有猜想：

猜想 15 如果一个语词的至少一个语义与被该语词表达的概念的意义相同，那在该意义上，该语词与该概念等价。

这里之所以要讨论语词与概念的等价问题，是要在讨论想法/语句的意义之前，绕开两个难以解决的问题：其一是语词的多义，使得由语词组合而成的语句的意义在理论上难以确定；其二是怎样以神经科学解释概念及其所构成的想法。通常认为，神经元网络并不存储"概念"[1]，不存储"想法"，而只存储语词的语音及字形等信

---

[1] 关于"概念神经元"，可参阅罗德里戈·奎安·基罗加《遗忘的机器——记忆、感知与"詹妮弗·安妮斯顿神经元"》第 8 章《大脑如何表征概念》，电子工业出版社，2020 年 10 月，Kindle 版，第 1098 页。

息，且在思维活动中生成由语词组合而成的语句。但是人们普遍认为，自己的思维活动是将概念组合成想法。

如果猜想 15 成立，我们就可以绕开第二个问题，使得概念可以借助与其等价的语词，进入神经科学的视野。再考虑到猜想 12 之语句与想法的等价性，下面我们就可以专注于语句的意义问题而不必再平行解释概念与想法。语句可能有多重意义的问题稍后讨论。

以下进入语句的意义问题。

先看主谓结构的陈述句：主语 + 动词 + 宾语（或状语），或 S+V+P。如果该语句的陈述者对其所使用的各语词的意义是清楚的，那该语句的意义就是 S、V、P 各自在当时被使用之意义的某种组合，亦可看作经由动词 V 产生于 S 与 P 之间的关联，动词 V 的意义是该关联的表象。

上文出现过的"S 是 P"是主谓结构的陈述句中的一种，在动词位置的是系动词"是"。

如果动词后面没有宾语或状语且不是合理省略，那该语句的意义可能不完整，或者该语句表达的是简单的判断，或者该语句表达了祈使、感叹等情绪性意义。于是有猜想：

猜想 16 若某人在某时某地的思维过程中产生了清楚的想法（其所对应的语句是主谓结构），且知晓该语句中各语词的意义,则该语句的意义是各语词被使用之意义的某种组合,亦可看作经由动词的关联产生于主语语词与宾语或状语语词之间的关联。动词的意义是该关联的表象。简言之,主谓结构陈述句的意义生于关联。

如果语句不是主谓结构呢?例如汉语文言文的"……者……也"结构就没有动词。一百多年来,历代中国语言学者潜心研究汉语语言体系,硕果累累。近年来,沈家煊等学者提出的"对言结构"甚至可以包容主谓结构:

> 对言语法的一个核心观点是:印欧语语法以主谓结构为主干,主谓结构是以续为主,续中有对;汉语大语法以对言格式为主干,对言格式是以对为本,对而有续……科学研究追求简单和单纯,以上描述的同构现象应该被进一步概括——概括为对言格式的同构性,即通体缩放性对称格式具有"标度不变性"。我们至此已经着力说明,在汉语里,主谓、述补、偏正、联合等关系具有"不确定性",在一个更高的层次上都属于两个对等项的并置关系。[1]

---

[1] 沈家煊:《超越主谓结构——对言语法和对言格式》,商务印书馆,2019年。

在对言结构中，两个对等项并置，主与谓、述与补、偏与正、联与被联，以各自的方式相对、相关，且相互位置可变。但无论怎样变，笔者认为，整句的意义都是围绕着一个"话题"（topic）。语句中的语词，围绕话题互相关联，组合出语句的意义。话题可以处在主语、谓语或宾语等任意位置，承载话题的语词可以是名词、动词、词组，话题甚至可能不在语句中出现。详见表3–1。

例句中的第2、3、5、6句都是由简单短句组成的对言格式。会话者对话题的辨识，可能与会话的上下文有关，也可能与会话者的经验（社会的、历史的）有关。

如果在例句1后面加上"话不投机半句多"，在例句4前面加上"咬人狗不叫"，它们就成为由复杂短句组成的对言格式，短句之间的对言。此类语言在诗词、谚语中大量存在，且多在字面意思后面表达复杂情感与哲理。

比较语句的对言结构与主谓结构，我们或可发现，影响语句意义的主要是构成语句的语词之意义、每一个语句中或隐或现的"话题"，以及语词之间、语词与话题之间的关联。语言学视域中不同语句结构之间的差异似乎不很重要。于是我们有如下猜想：

猜想17 若某人在某时某地的思维过程中产生了清楚的想法及所对应的语句，且知晓该语句中各语词的意

表 3-1　话题位置的例句[1]

序号	例句	话题	话题所在的语词	话题语词的位置	话题语词的词类
1	酒逢知己千杯少	酒	酒	主语	名词
2	打是疼，骂是爱	打、骂	打、骂	主语	动词
3	拉开抽屉，一张借据	借据	借据	谓语	名词
4	叫狗不咬人	爱叫的狗	叫狗	主语	定-中词组
5	（叫谁呢？）叫狗	狗	狗	宾语	名词
6	（你干什么呢？）叫狗	我	无	—	—
7	选他当代表	他	他	谓语、主语	代词

[1] 改编自：沈家煊的《超越主谓结构——对言语法和对言格式》。

义，则该语句的意义是各语词被使用之意义的某种组合，亦可看作产生于各语词之间的关联，无论该人是否明确意识到该语句的话题。简言之，语句的意义生于关联。

前文曾以神经生理学解释"神经元集团"，以印证或支持本书的猜想 13。下文则尝试描述语句读与听的神经生理学过程，看看能否将语句意义的合成解释为神经元集团之间的关联。

一般认为，语句的读与听是一个从外而内、自底向上的过程，而语句的说与写则是一个从内而外、自顶向下的过程。但语句读与听的过程，已经涉及与"说"相关的大部分脑区。这是因为"读"不仅是一个看书的视觉过程，人们还会默念出刚刚看到的字符串的读音，同时涉及被记忆的语词语音。参与阅读过程的脑区请参阅插页图 2，原图由迪昂绘制。

前文在解释"神经元集团"时提及的语词语音听觉通路、语词字形视觉通路、"根节点"所在的缘上回或角回，插页图 2 中均有标记，此处不再赘述。

读者可能会注意到，在图中"语音通达与发音"的橙色脑区中，缘上回与"颞上区"的两个橙色区域之间的信息传输是双向的。笔者认为这两个区域是位于颞上回的听觉皮质区和韦尼克区。为什么会有从缘上回的回传信号呢？笔者认为是默读的需要。默读时，阅读者看到的语词经视觉词形区发送到角回、颞上回，经由该语词既有的神经元集团内部的神经联结，回到韦尼克区（或许还有听觉皮质区），从而让阅读者找到该语词的读音记忆，再从韦尼克区经由专用的弓状束（Arcuate Fasciculus）到达布洛卡区（Broca's area）（布洛卡区的主要功能之一是说话时如何发音）。至此，阅读者看到的语句被逐字默读。它与朗读的区别只是没有真正发声。发声的神经生理学机制，就不在这里展开解释了。

阅读时默读的语句，与听到的来自外界的语句，很可能处在同一条理解语句之语义的神经通路上。这条通路就是：按语句中先后出现的语词顺序，逐一经过每个语词的神经元集团的根节点。在这条通路上，阅读可能会遇到以下几种情况：

- 遇到不认识的字或辨别不清楚的词，可能会跳过该字或该词，或者留下疑问。如果是不能跳过去的关键词，理解语句语义的过程就会失败。
- 没能分清楚构成语句的语词，如果跳不过去，那也是无奈。
- 没能准确区分复杂句里的主句和从句，有时重新读一下就能找到，找不到也很无奈。
- 没能弄清楚语词之间的修饰关系，有时会尝试理解几种可能的修饰关系，顺过去了就好。
- 遇到多义词愣住了，不知如何选择，有时会在几种词义之间选择一下，有一种比较满意就好。

● 其他问题。

所有这些问题的识别及解决，都是更高层级的脑功能，涉及负责分析与规划的前额叶，或许还涉及做出决断的"自我"。这些问题的解决会导致阅读者重新读一次该语句。

阅读者在理解语句意义的过程中如果没有遇到问题，那么语句中各语词的神经元集团的根节点就会按语句中被读到的语词顺序依次被经过，在每个根节点处转向各意义分支的其中一支，赋予该语词在此时被理解的意义，然后很可能被送至位于中央沟后部联合区中的"记忆组群"[1]。该组群可能记忆着被理解及被生成的语句，且会以整句的形式参与到由前额叶主导的更高层级的思维活动[2]。该语句中如有相对复杂的语词结构，一般会在此前解决上述困难的过程中被"记忆组群"记住。一个完整语句的阅读与理解过程至此完成。在该过程中，各语词的神经元集团按语词被听到的顺序实现了依此关联，各语词的"即时意义"也被依次关联，从而组合出完整语句的意义。其中，多义词的"即时意义"如

---

[1] "记忆组群"的位置未在插页图1中标注。
[2] 关于前额叶参与语义加工，参阅：杨炯炯、翁旭初的《前额叶在记忆中的作用》，《心理科学进展》，1999年第2期。

何被不假思索地选择是一个留待解决的问题。我们或许只能将其解释为"经验",即对该语词此前与其他语词搭配时意义选择的记忆。

对阅读语句之意义理解的上述神经生理学解释有这样几个特点:其一是将"听"与"读"的信息通路归并在了一起;其二是呼应了对语词神经元集团的解释,使语词级别的解释与语句级别的解释统一成了整体;其三是强调了语词在该语句中的"即时意义",体现出该意识过程的"私人性"与"历史性"。

我们对阅读语句的过程有了大致的解释,那生成语句呢?其过程与阅读语句相反,自上而下,留待本书关于"陈述"的章节解释。

上述关于阅读过程的神经生理学解释若成立,那它应该可以看作对猜想 17"语句的意义生于关联"的印证或支持。

综合猜想 13、猜想 14 与猜想 17,我们可以有如下猜想:

猜想 18 意义生于关联。

由猜想 18 生出的推论 4:无关联,无意义。

分别于猜想 13 及猜想 17 之后的两段神经生物学解

释，印证或支持了猜想 13 与猜想 17，也就印证或支持了猜想 18。

若干语词被关联到一个或多个语句中，构成一个语境，或可将其看作现象学意义的"境域"，即那个"关于什么"的"境域"。境域中，"自我"对于那个"关于什么"的朝向或指向，体现出现象学的"意向性"（intentionality），带有明确的方向性。在语句生成过程中的那些被关联的语词及其语义所表达的事物，就是现象学的"意向相关项"（noema）。在这些"意向相关项"中，可能有语句陈述者，如表 3-1 例句 6 中未出现的"我"；有语句所表达行为的行为者，如表 3-1 例句 3 中"拉开抽屉"者；有语句所描述的实体对象，如表 3-1 例句中的"酒""抽屉""借据""狗""他"等。它们还可能涉及非实体对象，如表 3-1 例句中的"知己""疼""爱""代表"等，以及其他"在场"者，如表 3-1 例句 5、6 中的问话者及例句 7 中的行为者。在该境域中，各"意向相关项"直接关联，体现出现象学的"直观"特征，而将主观-客观、主体-客体、表象-本质等理论成见"悬搁"（epoche）在一旁，体现出现象学之"超越论的"（transzendental）[①]哲学方法的独特性。

---

① 倪梁康：《意识的向度：以胡塞尔为轴心的现象学问题的研究》，北京大学出版社，2007 年 7 月。

这样，继"存在"之后，"意义"也被归入现象学的理路。

斯珀波、威尔逊等语言学家很早就认识到"关联"在意义生成过程中的作用[1]，金立、于翔继而以认知语境中的"关联"解释了中国古代思想家的思想方法[2]。斯珀波等提出的"认知关联原则"——"人的认知倾向于追求最大关联"[3]似可商榷。如果认知与关联均可被定量描述，那似乎应该是最强的关联导致最强的认知，而不是相反。这是因为关联的大小（或多少或强弱）取决于该次认知过程所涉及的神经元集团之间的生理联结，而这些生理联结的大小（或多少或强弱）是在该认知过程之前既有的，并不是思考者为了追求某个目标而做出权衡的思考的结果。虽然在该认知过程结束以后该生理关联可能发生变化，例如变得更大。当然，斯珀波等强调由交际者双方共同构建的语境对于意义生成与理解的重要作用，理应得到赞同。

现在回到此前那个问题：语句的多重意义引发的理解问题。当时说到，由于陈述者在做出陈述句时知晓所

---

[1] 斯珀波、威尔逊：《关联：交际与认识》，蒋严译，中国社会科学出版社，2008年11月。
[2] 金立、于翔：《实用、关联、自觉——〈论衡〉推类论证的多维探析》，《哲学动态》，2022年第10期。
[3] 斯珀波、威尔逊：《关联：交际与认识》。

使用语词的意义,如果该语句的语法无误,那该语句的准确意义对于陈述者自己来说是清楚的。然而构成语句的语词毕竟可能有其他意义,我们如何将语句的准确意义传递给听者或读者呢?

这恐怕要看我们怎样理解"准确"。

弗雷格在《论意义与所指》等文章中首先给出了"所指"(reference)的概念,以区别于"意义"(meaning)。例如,不同字面意义的"晨星"(汉语"启明星")、"暮星"(汉语"长庚星")均指向同一颗"金星"(venus),金星即为"所指"。后来罗素等哲学家在此基础上发展出一套"指称理论"(the referential theory)。

但是弗雷格给出的"金星"例子是同义词,金星、启明星、长庚星都是天文学中的金星。更可能引发歧义的是多义词,如:旗帜上的"金星"、人名"金星",以及"两眼冒金星",它们都不是天文学中的金星。

其实,多义词可能引发的歧义,在大多数情况下都不会发生,因为语词不是孤立的,是与语句中其他语词相互关联的。在上例中,如果对话的上下文说的是有金星的旗帜,或者名为"金星"的人,或者"两眼冒金星",听者或读者都不会认为这里的"金星"是天文学中的金星。意义生于关联,准确的意义生于上下文中各语词之间的关联。

指称理论将同义词中的某个词规定为"所指",大都因为这个词有相对严格的定义。确实,对比"启明星""长庚星",天文学中的"金星"的定义更清楚。然而在大多数语句中,不使用"所指"也未必一定引起歧义。请看下面关于启明星、长庚星、金星的例句:

1. 那颗星星(手指晨光中东方天际一颗明亮的星星)就是启明星。

2. 启明星的字面意思是开启了天明的星星。

3. 启明星在傍晚出现时又叫长庚星。

4. 长庚星有至少两个字面意思:一个是长寿的星星,一个是中国神话里的太白金星。

5. 启明星、长庚星的天文学名称是金星。

6. 金星的字面意思是金色的星星。

7. 金星的天文学定义如下……

8. 金星的英文名字 Venus 也是希腊神话里的爱神的名字。

这些例句中,只有例句1、3中的"启明星"可以被替换成"金星"。

在日常使用中,"所指"并不是固定的。在大多数主谓结构的简单陈述句中,处于主语位置的语词都是"所指",被谓语"所指"。在覆盖面更大的对语结构中,"所指"往往是那个若隐若现的"话题"。以关联论观之,"所指"为一个语句中各语词之间的关联给出了指向。

还有一个类似的例子。普特南在其著作《"意义"

的意义》里详细分析了语词"水",认为分子式 H_2O 是"水"的本质,故应以 H_2O 取代沿用很多年的"水"的"实指定义"[①]。这里有些不同意见:首先,H_2O 是水分子的定义,而不是水的定义。单个或少量水分子并不具备水的一些特性,如溶剂。其次,水是人赖以生存的必需物质,与人的生活有千丝万缕的关联,其形态与用途在每个人的内心都有多样且牢固的记忆,其"意义"绝不是严谨的科学定义所能轻易取代的。再次,即使科学家们找到或发明出一种宏观特性相同但分子式不同的"水 II",在社会生活中恐怕也会仅仅被认为是第 N+1 种水产品,而不会被置于与普通水并列的重要位置。

语词的命名,有些来自社会与历史,如前述例句 1、2、3、4、6、8,有些来自科学,如前述例句 5、7。前者的命名未必严谨,却以其厚重的社会历史沉积而不会轻易被后者所取代。后者固然严谨,但也可被视为历史的演进。二者之间,似可不必纠结于孰轻孰重。

分析哲学及语言哲学的哲学家们强调对语词的严格定义,是要维系其哲学体系及语言体系的准确无误。此处,他们的目光已经从语言之意义的生成转向了语言之意义的评判。这个话题笔者会留待本书后续章节"真"

---

① 洪汉鼎:《当代西方哲学两大思潮(上册)》,商务印书馆,2011 年。

中进行讨论。

请看以下三条猜想 17 的例句。笔者将详细说明阅读并理解语句的过程。

例句 1："政治风向无损中美经贸大局。"[①] 十二个字的语句，首先被拆分成六个词，每个词都是两个字的熟语组合。然后，四字组"政治风向"被理解为整个语句的主语和话题，"无损"作为动词，关联分别由"中美""经贸"修饰的宾语"大局"。全句读下来，先是六个语词节拍，涉及六个神经元集团的关联。然后是语义分析，阅读者从话题所在的主语出发，找到动词，再找到宾语，在三个概念的关联中理解语义。严格地说，这句话应该在前面加上"中美"："（中美）政治风向无损中美经贸大局。"前面被省略的"中美"与后面的"中美"等同，才能保证主语与宾语的逻辑外延等同。"政治"与"经贸"的范畴相对，"风向"与"大局"的空间相对，三组短语围绕动词"无损"两两相对。由此，我们可以看出，汉语语法及基于汉语的思考，真的是"对言"结构。两个"中美"，省略掉一个，避免了啰唆；省略掉前面一个而保留了后面一个，似乎是要强调后者"经贸大局"。因作者之省略而造成的一个短语间关联

---

① 《参考消息》第四版，新华通讯社出版，2021 年 11 月 20 日。

的字面缺失，却能被读者理解了全句语义后无意识地补上，似乎也是一个值得被关注的现象。

例句2："中国制造，欧洲付钱，每个人都满意。"句中的两个逗号将全句分为三个短语，依次分析之，它们都是两个熟语的简单组合，三个短语是并列关系。三个主语"中国""欧洲""每个人"又可关联在一起，暗合作为整篇文章起始及话题的"大局"。每个短语都涉及两个神经元集团的关联，三个关联在一起的神经元集团再互相被关联，支持了阅读者对全句意义的理解。但前面的"大局"已经被"中美"限定，这里的"欧洲"就显得逻辑上不够严整。

例句3：苏轼的《题西林壁》，共四句。"横看成岭侧成峰"，按习惯首先将其拆成四个词"横看""成岭""侧""成峰"，除了单字"侧"，其他都不是熟语。笔者猜测，"横看"就是"横着看"。"成岭"可能是一座名为"成岭"的山峰，也可能是"被看成岭"，再考虑到"成峰"可能是与"成岭"相呼应，二者就分别是"被看成岭""被看成峰"的意思。"侧"又与"横"相呼应。综合全句，我们就理解了全句的话题是"山"，意思是"横着看（山）成岭，侧着看（山）成峰"。对全句的理解过程应该是一个在字词之间多次反复关联的判断过程，最后形成"横看成岭"与"侧成峰"这两个短语/神经元集团的关联，并指向话题"山"。接下来是第二句"远近高低各不同",虽然"远近""高低"都是熟语,但我们有了对第一句的理解,反而应该将其拆成单字词,与被略去的"看"组合,得出"远(看)""近(看)""高(看)""低(看)"的意思。这四个短语组成与四个单字不一样的神经元集团关联,再与短语"各不同"关联,形成对第二句意义的理解。继续看第三句"不识庐山真面目",四个熟语组构成简单的字面意义,但我们需要与前两句结合理解。经历六种类型的"看"都不得其要领,我们才能理解"不识庐山真面目"字面意义后面的感慨与疑问,也才能引出最后的解释:"只缘身在此山中。"最后这句,在汉语里可以被看成四个熟语组的前后接续,翻译到印欧语系里就是复杂的复合句。全诗基于一个复杂的关联结构,最后被归结到观山者与庐山之间的关联,落到了"观察"的意义上。全诗是观山者的一个观山心得,但诗作者苏轼显然将其当成了一种哲理的隐喻。这又是更深层次的关联了。笔者稍后会给出一种认识论解释。

这几条例句似可引发如下思考:

- 汉语以单字为语词单位,但又大量存在双字词、双字熟语、三字词、三字熟语、四字词、四字熟语,且词与词之间没有标示或空格。古文中甚至在语句间也没有标点符号。这就使得"断词"(将每个语词从整句语句中逐一摘取出来)、"断句"（将每个语句从古文全文中逐一摘取出来）成为读取并理解汉语文章的必要步骤。同一个语句，在不同处加标点，就有不同的"句读"、不同的意义。比较有名的例句是孔子的"民可使由之不可使知之"，就有多种句读及其解释。好在现代汉语不再有断句问题，最常用的双字词、双字熟语在多字词中的占比据说超过了70%，如果再加上四字词大都可以拆分成两个双字词、三字词中大都有一个双字词等因素，那双字词的占比更高。这就使断词的难度大幅度降低，人们的阅读效率随之得到大幅度提高。人们读取文字语句时逐渐形成了主要用双字词断词的习惯。

- 在克服了断词的困难以后，汉字作为表意文字的优点在表达和理解语词的意义时就发挥作用了。例如"人"字，《现代汉语词典》列举的以"人"字打头的语词就超过了140个，如"人们""人民""人中"等，再加上"人"作为第二、第三个字的语词，如"男人""工人""介绍人""丢人""缺人""红人"，应该有数百个语词。这些语词所表达的意义都与"人"相关，易于理解，易于记忆，易于使用。"人"分别与其他字一起生成的概念/意义，更生动，更准确，更有场景感与历史感。

于是笔者有了猜想：

猜想 19 使用表意文字的民族，思维活动中有更多的关联，更乐于关联，也更依赖关联。

但是经关联造成的语词意义的转移，有时也会产生歧义。例如上文例句 1 中的"风向"，常被用于比喻事物发展的趋势，如"政治风向""时尚风向"等。但严格地说，意思是"风的方向"的"风向"是风的来向，如"东风"是从东方过来的风；但意思是"事物发展趋势"的"风向"却是事物的去向或前进方向，与风的来向正好相反。仔细想来，我们并不是约定俗成硬要改变方向，而是因为"向"的本意是观察者的"面向"，观察风的时候迎风而立，相当于面向过去，而观察事物变化时却是面向未来。

表意文字似乎更容易产生歧义。是不是表音文字就不容易产生歧义呢？使用表音文字的印欧语系，其语法以主谓结构为主干，而形式逻辑各主要规则的表述语句都是主谓结构，那么是不是使用表音文字的印欧语系就比使用表意文字的语言更加严谨呢？看一下表 3-2 形式逻辑中"同一律"在三种语言中的表述。

表3-2 同一律在英、汉、日三种语言中的表述

关联形式	英语	汉语	日语
主谓结构	A is A	A是A	AはAだ
对言结构		A者A也	

首先,上例里三种语言中的四个语句,对"同一律"之表述的准确性似乎没有差异,都没有增加多余的意义,也不会产生其他的歧义。其次,日语的主谓结构语是动词后置,古汉语中没有"是"字,而且"A者A也"里没有动词,故而四个语句之间动词的差异似乎不影响对语句的理解。再次,日语字"は"是提示助词,这里提示了主语A。汉语字"者"的作用也是提示主语A。看上去,在提示主语的作用上似乎二者都比英语词"is"还略强一点。最后,从字面看,"A者A也"与"AはAだ"很是相似,甚至似乎可将"AはAだ"归入对言结构,故而四个语句之间语法结构的差异似乎也不影响对语句的理解。因此,仅就此例来说,不能判定表意文字在严谨性上弱于表音文字。

表意文字更容易产生歧义的原因可能在于:表意文字更容易产生关联,而语词之间的关联所构成的新语词必定增加新的意义,而新增的意义就可能包含歧义。例如,当上例中的"风向"关联到"政治"时,就产生了"政治发展趋势"的新意义,从而隐含了方向的扭转,

只是大家习惯了才不会引起误解。再如，在汉语里广泛存在的同音字关联，使得语言更加生动风趣，但也更容易产生歧义与误解。如广告语"药材好，药才好"，宣传这款药品的高质量缘于使用了好药材，言简意赅。如果受众发现两个短语同音，理解了前面的"材"指药材，后面的"才"表达因果关系，那么大都会赞赏这两个同音字的妙用，于是会对该广告及其产品产生好感。这都是此次关联新产生的正面意义。然而，好药材与好成药的关系，只是必要条件而不是充分条件，受众还是可能会被误导。

仔细想想也是，既然意义都生于关联，歧义、误解当然也生于关联。于是我们有推论：

由猜想 18 生出的推论 5：既然意义生于关联，故而歧义、误解也生于关联。

同音字造成的语词之间的关联不仅能产生语句，还能产生社会行为。例如，中国的新人结婚，常被亲友们祝福"早生贵子"。于是，分别与这四个字同音或同字的物品红枣（早）、花生（生）、桂（贵）圆和莲子（子），就成为婚礼上常见的贺礼。

两个语词关联在一起，能表达一个复合概念，如"政治风向""经贸大局"。两个组合的语词再次关联，往往不仅是两个复合概念的关联，而且还可能发生组合语词的第二次关联，如在上例中，还有"政治"与"经贸"的关联。再如"白云飘过蓝天"，不仅有复合概念"白云"与"蓝天"的关联，还有"白"与"蓝"的关联、"云"与"天"的关联。但也不尽如此，如"飞机掠过蓝天"，"飞"与"蓝"、"机"与"天"就没有关联关系。一个复合概念被用得久了，表达该复合概念的组合语词就成为一个常用语词或熟语，且字数常会被缩减，如"股票市场"变成常用语词"股市"。复合概念在没有变成熟语之前，应该就是组成复合概念的两个或多个概念的临时组合，记忆这些被复合概念/语词的神经元集团临时被关联在一起。在复合概念逐渐变成熟语后，应该就是由一个相对固定的神经元集团来记忆这个熟语了。熟语的意义也会变化，如"花市"，当初应该是花卉市场的缩略语，附近的街道会被命名"花市大街"。后来没了花卉市场，"花市"一词随着街名被保留下来，又演变成地名。此类变化应该大都很缓慢，往往要经历几代人的岁月。

　　一个概念关联另一个概念临时组成一个复合概念，如果将此称为"一次关联"，那么这个复合概念如果再关联到另一个概念，就类推为"二次关联"。例如"政治风向"关联到"变化"，形成短语"政治风向的变化"。二次关联形成的短语仍然可以经由动词关联到宾语,形成语句。例如"政治风向的变化影响了经济大局"。继续类推,还可以有"三次关联",如"政治风向变化之迅速"(关联了语词"迅速")形成语句"政治风向变化之迅速超出预料";再如"政治风向变化对经贸大局的影响"(关联了短语"对经贸大局的影响")形成语句"政治风向变化对经贸大局的影响不很显著"。理论上我们还应该可以继续类推,例如"四次关联":"政治风向变化之迅速对股市的影响",后续"立竿见影"形成完整语句。显然,关联的次数越多,阅读者理解起来就越困难,语感也就越差。想来也是这样:神经元集团依次被连接,总是连接次数越少越容易。

如果将上述"关联次数"定义为"一个复合概念或组合语词中被关联在一起的简单概念或语词的个数",那我们似乎可以有如下猜想:

猜想 20 组成一个复合概念或组合语词时,对简单概念或语词的依次关联次数,大都小于或等于4。

汉语中大量存在两字、三字、四字的语词或熟语,超过四字的语词或熟语大都可被拆分成两字或三字的语词或熟语。相关统计数据应该能支持上述猜想。

我们表述复杂想法时还经常使用从句。句里还可以嵌套从句,一层套一层。如果在大量实例中统计从句的嵌套层数，你会发现它们很少会超过四层。嵌套也是关联。

归纳起来，在汉语中，如果字、词算是第一个层级，那么由字、词组合成的短语是第二个层级，由短语组成的简单句是第三个层级，由简单句嵌套成的复合句是第四个层级，那我们或可对该结构有如下猜测：

猜想 21 如果汉语的一个语句可按字词、短语、简单句、复合句划分为四层依次向上的结构，其中每层都由下层构件组成，那么每层中的构件数量都会有一个统计上限。猜测该上限不大于 4。

4 的 3 次方等于 64。一个由 64 个字或词组成的长句（其间没有标点）应该很少见了。

一个神经元集团所包含的神经元数量可能有很多很多，但其相对于数百亿个神经元的总量而言还是很少很少的。在思维活动中，怎样找到一个神经元集团，还有太多的未知需要探索，但人类却有理由相信，如果没能找到那个目标，实在是太正常了。其宏观表现就是，人们在读一个长句时，发现每个字都认识并理解，却不能明白整句话的意思。找不到目标，就是一次小小的混乱，将其看作几乎无处不在的"弱混沌"（weak chaos）也未尝不可。

在理论物理领域，李天岩和吉姆·约克在 1975 年的论文《周期三蕴含混沌》首次对混沌现象给出了定量描述。[①] 笔者理解的意思是：经典粒子的运动轨道是有变化的。假设以某个轨道为原始轨道（无论其后的轨道怎样变化，如果 N 次以后必定回到该原始轨道，就说其周期为 N），如果 N=3，就可能出现运动轨道没有回到原始轨道的混乱。

以经典粒子运动类比思维活动中神经元集团之间的动态关联，确乎有些牵强。立此存照吧。

回到"意义"的主题。

语句生成者的语境/构境若简单，就会生成简单句；若复杂，就会生成复杂句。其复杂程度又可能以不同方式体现，如嵌套长句的复杂、诗句意境的丰富、简单句背后的"弦外之音"、与语句接收者的互动、语句生成者自己的情绪，等等。其中每个细分的"意义"都可以对应到一个或简单或复杂的关联，包括语句中语词/概念之间的关联、每个语词/概念与其他概念的既有关联。所有这些关联都建基于或体现出语句生成者的意志、情绪、信念、经历等。此时、此地、此语句的语境/构境，或可对应一个或简单或复杂的"关联网络"。

语句接收者在接收到一个语句以后，也会构造一个

[①] 弗里曼·戴森：《鸟和青蛙》，王丹红译。该论文题目又被译为《周期三意味着混沌》。

语境/构境：对接收到的简单句，他可能会构造出一个简单的语境/构境（该语境/构境就在很大的可能性上与语句生成者构造的语境/构境相同或十分相似），于是他就能很好地理解该语句的意义。但是对于接收到的复杂句，他所构造出的语境/构境，就至少与以下因素有关：对接收语句字面意义的准确或不完全准确的理解；与语句生成者共处环境（实时会话环境）或不共处环境（时间、空间、介质的交错）；接收者的情绪；等等。这样一来，语句接收者构造的语境/构境，就很可能与语句生成者构造的语境/构境不尽相同甚至很不相同，即，与语句接收者构造的语境/构境所对应的关联网络，与语句生成者构造的语境/构境所对应的关联网络，二者不尽相同甚至很不相同。所有这些相同或不同所体现出的宏观效果就是"听者"对"说者"关于该语句之"意义"的理解，或"读者"对"作者"关于该语句之"意义"的理解，可能是完全相同、基本相同、不尽相同或很不相同的。这些相同或不同，往往因人而异，因时而异，因地而异，与会话的上下文有关，与语词本身的歧义有关，也与双方的社会经验有关。简言之，它们与每个人思想体系的独特性有关。

  关于多人对一个语句之意义的理解，肯定是人越多越难一致。故我们有如下猜想：

猜想 22 人群中的所有人对某一足够复杂的语句所涉意义之理解取得一致的可能性，与该语句的复杂性成反比，与该人群的人数成反比。

当然，不同人对同一语句、同一理论之理解总有相对一致之处。因此，至少理论上，我们还保有全人类在某些涉及公共事务的重要理念上达成大体一致的可能性。

这种能够使全人类达成大体一致的理念，就是"真理"吗？这个问题将留给下一章。

第四章 真

汉语世界的读者或听者在理解了一个陈述语句所表达的意义以后，通常会做出判断，是或不是，对或错，这与英语习惯略有不同。英语中常被用于判断的 true or false，其汉语对应词是"真或假"，却在中国人的简单判断里不被经常使用，大概只有在表示意外时才会反问："真的？"

"真"（truth）与"是"（being）同为希腊古典哲学的核心概念，亚里士多德的下述名言将二者关联在一起：

> 说是者不是，不是者是，就是假的；而说是者是，不是者不是，就是真的。因而任何关于任何事物是或不是的判断都陈述了要么是真的，要么是假的东西。[①]

[①] 汉语译文摘自：王路，《一"是"到底论》，清华大学出版社，2017 年。

据说，现代逻辑将语句的句法和语义明确区分为逻辑问题的两个基本方面，"是"与"真"分别成为句法与语义的核心概念。

仔细看一下"真"的概念。

首先，汉语"真"与"真理"不是等价概念，尽管与二者对应的英语单词都是 truth。"真理"是复合词，核心词是"理"，"真"修饰"理"。"真理"的词典解释是"真实的道理"，"真"的词典解释是"真实（跟'假、伪'相对）""的确、实在""清楚确实""事物的形象""本性、本原"[1]。如果"存在论"与"认识论"作为不同范畴被划入经典哲学，那么"真理"应该被划入"认识论"，且更多地被用于政治哲学，在多种政治意识形态中成为核心概念之一。而"真"则既以其"本性、本原"的意义被划入"存在论"，又以其"真实、实在"的意义被划入"认识论"。本章拟从存在论切入对"真"的探索，继而讨论与"真"相伴的"实""信""对""诚"，然后将这五个概念捆绑在一起，尝试引入非理性因素，从而将认知过程与认知评判区分开来，然后再分别思考"真"的延伸概念"真理"，"实"的延伸概念"实在"，以及"信"的延伸概念"信仰"。

在展开讨论之前，还要看一下"真"的词义在现代

---

[1] 摘编自：《现代汉语词典》。

技术社会里的一个重要变化。在逻辑学中,"真"被用于表示条件成立(或有效)或结论成立(或有效)。这样,语词"真"就被增加了一个表示成立或有效的新意义。在汉语里,"成立/不成立(或有效/无效)"已经与"真/假"的字面意义相去甚远。不仅如此,在现代逻辑的分支数理逻辑里,"与""或""非"的逻辑关系演变为运算关系,其运算条件和运算结果的真、假分别用二进制数 0、1 表示。以此为基础,人类构建了全新的数字化社会。"真"之"成立(或有效)"的新意蕴,先被用于驱动逻辑电路中门电路的开关,再被用于电子计算机与互联网,使得人类社会进入"数字化生存"(being digital)时代。在全新的层级上,truth 再次与 being 相会了。作为数字化技术大厦的基石,"假"与"真"同等重要,但是难道可以据此推论说数字化社会"真假难辨"吗?开个玩笑,不必当"真"。

以下仅在"真实(跟'假、伪'相对)"和"本性、本原"这两个意义上讨论"真"。

如果以"本原"来定义"真",那么"本原"是什么?目前还难有公认的定义。于是笔者想到海德格尔的"此在",无遮蔽的"此在",关联论意义上与他者无涉的"零阶自我"。零阶自我与他者无涉,也就"无遮蔽",从而是自我的"真"之所在。推论到非自我的任一事物,与他者无涉才"无遮蔽",才是该事物的"真"

之所在。于是有猜想：

猜想 23 一事物（含"自我"）之存在论意义的"真"，缘于该事物与他者的无关联，或可称其为"零阶真"（truth of zero-order）。

那么，与他者无关联的事物之真，可被认知吗？理论上，一旦被认知之事物与认知者发生关联，"零阶真"即失去了其存在的前提。因此有推论：

由猜想 23 生出的推论 6：零阶真不可被认知。

如果零阶真不可被认知，那么已被认知的事物之真，是不是可被称为"一阶真"呢？仔细想来，被认知的事物，或可分为直接被认知者感官所感知的事物与经过认知者思考的事物，于是有猜想：

猜想 24 当认知者与被认知事物发生关联，经由自己的感官获得了关于被认知事物的认知，且该认知被认知者自己所认可，则认知者之所获应该就是认识论意义上的"真"之所在，或可称其为"一阶真"（truth of first-order）。

切身、真切、真。由感及真。

这个猜想性的定义显然不会令读者满意：如果错了呢？总要经过检验方可确认真假吧？是的，我同意。简单的答复是：知道错了，改成对的就好；今天知道自己昨天的认知非真，改成新认知就好；但昨天以对旧认知的认可而判其"真"与今天以对新认知的认可而判其"真"，判定模式并没有变。

人类从来都没有停止过对自己生存世界的探索，也没有停止过对自己的探索，因此积累了海量的"真"知灼见，对此不能持相对主义的态度。今天被人们确认的"真"就是真，不是假，不是错。如果没有需要，不必为每一条被确认为"真"的认知附加诸多条件。然而这些附加条件其实也是人们认知的一部分，实在不必为这些条件的被附加而改变对"真"的确认，或者认为此前的"纯真"由此而改变了"成色"。至于有没有"纯真"，有没有"绝对真"，最简单的办法就是将其归为"零阶真"。根据上述推论6，即便有，也不可被认知，实在不必纠缠于此。

对于一个事物的认知，认知是"真"之所在，事物不是"真"之所在。比照前面引用的亚里士多德之语，"是者是"是"真"之所在，"是"并非"真"之所在。"是者是"是"说者"（主体）的认知，"真"是对"是者是"的认可，既可能是"说者"自己的认可，也可能是

"听者"或"读者"的认可。

不知以上答复能否令读者认可。

如果认知者的思考是纯理性思考,与各类感觉无涉,则以关联论观之,其所得到的认知是基于认知者头脑中的概念之间的既有关联或新建关联而形成的。其中,既有关联之所以成立,或者说两个或多个神经元集团之间之所以存在神经联结,只能起因于认知者本人此前的经历。这些经历包括但不限于:本人的感官体验、本人此前的思考经历、源于外界的语句,等等。而新建关联会产生一个新的认知。

这种纯理性的思考结果会生成一个或多个认知,每个认知都是一个或一组陈述句。认知者对该认知的确信程度,就是认知者自认该认知为"真"的程度。鉴于思考过程基于认知者本人头脑中的概念之间的关联,其中被关联的某个概念此前可能生于认知者的感官与被认知事物之间的关联,故此类纯理性思维的关联复杂度有所提高。似可据此来定义"二阶真"。

猜想 25 当认知者与被认知事物发生关联,经由与自己感官无涉的思考获得了关于被认知事物的认知,且该认知被认知者自己所认可,则认知者之所获应该就是认识论意义上的"真"之所在,可称其为"二阶真"(truth of second-order)。

一阶真、二阶真,都在认识论意义上,而不在存在论意义上。

猜想 24 和猜想 25 将认识论意义上的"真"赋予了"认知"。"认知"由陈述句表达而不是由组成陈述句的语词或概念表达。那么"概念"有"真"或"假"吗?

设想一下。对某种颜色的色盲者,如绿色盲者(或称乙类色盲,deuteranopia),红色物体在他们眼中的颜色变成类似暗黄色,而绿色在他们眼中是类似白色[1]。那么人们可以据此说他们的概念"红"和概念"绿"是"假"的、"错"的吗?如果可以,他们关于颜色的陈述,如"这是红色",也应该是错的。然而可能有反例:如果某个孩子,不知道自己有绿色盲症,他的父母也不知道。某日,父母指着一片红色告诉孩子:"这是红色。"孩子虽然看到的不是红色,也仍然能将其看到的颜色关联给语词"红",建立起"红"的概念。过了一段时间,孩子会说完整语句了,而且不知道自己是色盲者,就有可能指着一片红色正确地说出"这是红色"。反例成立,"假"的概念构造出"真"的语句。仔细想想,又有多少弱色盲者终生不自知呢?再深究形成色盲症的视网膜锥形细胞,怎么可能要求每个人的百万个锥形细胞都按

---

[1] 可参阅:林崇德,《心理学大词典》,上海教育出版社,2003 年 12 月。

照统一的标准生长，以求人与人之间的一致呢？只是当这种不一致严重到一定程度了，如那个孩子没通过色盲症的色卡测试，才会引起关注。那个孩子以后对自己关于颜色的判断可能经常会有疑问了，换句话说，他对自己关于色彩的陈述句之"真"不那么认可了。但是概念"红"还在，虽然自知失真，却很难被纠正，也就没必要刻意去"求真"了。

反过来想，如果绝大多数人的视神经细胞都与那位孩子类似呢？公认的概念"红"所对应的颜色很有可能就是被那个孩子看到的颜色。届时，孰真孰假？

概念的意义生于关联。与众不同的意义生于与众不同的关联。它虽然也是真实的关联，其意义是否为真却很可能取决于这个"与众不同"所造成的影响。若被大家认可，则为该概念产生新的意义，反之则会对其"真"存疑；而若没有影响，则这个新意义会被这位与众不同者独享，孤芳自赏而不为众人知。

看来，概念之"真"真的很难说清楚。说不清楚就不说了。

回到认知之"真"。分析一个简单的认知过程：

一滴水落在行人脸上，行人感觉到了。此为一阶真。"嗯？"行人对起因有疑问，随即启动的理性思维给出两个猜测："雨滴""下雨了"。此为二阶真。但他对于是否下雨仍不确信，于是抬头看了看天空，看到阴云密布。此为一阶真。他的理性思维再次给出判断:"刚才落到脸上的水滴是雨滴,下雨了"。此为二阶真。两次判断的结果相同,行人确信:"下雨了"。

这个认知过程,经历了两个阶段,每个阶段都有一次感官认知、一次理性思维。前一个阶段的思考结果虽给出认知却未得到认可,后一个阶段的思考结果给出了相同的认知,从而获得确信。前一个思考,将"水"与"雨"两个概念关联到一起,该关联之所以成立,或者说在两个神经元集团之间之所以存在既有的神经纤维,应该是在该行人此前的生活经历中形成的,也就是哲学家们所说的"经验"之所在。但第一次的"下雨"判断未能被认可,或许因为"下雨了"是一个意外,需要再次确认,于是发起了观看天空的动作。发起该动作也是一个思维活动的结果,该思维活动是将"雨"与"天"两个概念关联到一起,该关联之所以成立,或许是该行人此前学到了"雨从天上来""雨来自天上的云层"等"知识"或"经验"。后一阶段的感官认知确认了天上有云,而且有很多云,包括最可能下雨的黑云,这么多信息均基于该行人关于下雨的诸多知识,从而他再次给出"下雨了"的认知。其间或许有多次、多重的神经元集团之间的关联。

但是如果认知者抬头观天时没看见那么多积雨云呢?他随后的思考过程就会产生"没下雨"的认知。前后两次认知不同。行人对前一认知"下雨了"的认可程度于是被削弱,甚至可能被否定。对此类认知的认可程度可变,故二阶真可变。但即便如此,认知"脸被水滴打湿了"仍是真的,故一阶真不变。于是有:

猜想26 一阶真不变。二阶真可变。

接下来看看什么是"假"。

在存在论意义上,"零阶"事物对外界的"遮蔽"就是该事物的某种"表象"。当一事物成为认知者的认知对象时,在认识论意义上,该"遮蔽"被认知者所知觉。由于"零阶真"不可知,故认知者此时不可能通过比对"零阶真"而判定其认知是真是假。如果该认知通过认知者的感官获得,则由感官的"错觉"(如视力模糊)引发的错误认知就是"一阶假",否则就是对该"遮蔽"的"一阶真"。例如,直棒边沿的直线在水杯里由于光的折射作用变成了折线。折线是直线的假象,是直棒之"真"的某种"遮蔽",但折线却是"一阶真"。如果认知者根据折线做出"直棒不直"的认知,则与直棒之直这一"真相"不符,就是一个错的或假的认知,但该"假"是"二阶假"而不是"一阶假",因为"直棒不直"是经由思考得到的认知。当直棒被拿出水杯,认知者看到直棒之"直",故得到另一个"一阶真"以后，就会根据新的"一阶真"得出"直棒是直的""直棒边沿在水里变成了折线"这样的"二阶真"的认知。但是注意，离开水杯的直棒只是在"直线或折线"这一点上去除了"遮蔽"，故认知者所见之直棒仍然只是它的"一阶真"而不是它的"零阶真"。

由认知者的思考而得到的认知如果有错，无论是什么原因导致的，都是与"二阶真"相对的"二阶假"。于是有关于"假"的猜想：

猜想 27 由认知者的感官错觉所得的认知是"一阶假"之所在。认知者之思考过程所生成的认知若未被认知者认可，则该认知即为"二阶假"之所在。

虽然前文中的行人并不怀疑"下雨了"是假的，但也不是没有"假"的可能：例如附近有洒水车，水滴顺风飘到行人脸上；虽然阴云密布，但在该时该地并未开始下雨。如果行人后来看见了洒水车，且一直没见真下雨，就可能会纠正自己："哦，没下雨。"然而如果行人没看见洒水车呢？他可能会对别人说："刚才下雨了，但没下起来。"仍然相信自己刚才的判断。每个人都应该有类似的经历。当没人知道"真相"的时候，假的就可能被认为是真的。

前文中，行人的认知"下雨了"可能被否定的依据是"没下雨"的事实。也有些认知由于认知者在认知过程中发生逻辑错误或计算错误等而被否定，并不需要依据外界事实。例如数学定理推导过程中的逻辑错误发生在该推导过程所在的数学概念体系之内，而该体系未必有明确的物理意义。但是同样，在该逻辑错误未被别人指出或被自己发现之前，认知者仍然会认可自己的认知。

在前文中，如果其实没下雨，行人如果是中国人，他会对自己说"刚才我想错了"或"刚才我的判断错了"，却既不会对自己说"刚才我想假了"，也不会对自己说"刚才我的判断是假的"。在中国人的思想中，自己曾经的思考行为都是真的、是真正发生过的，而不是虚假的。"假想"的意思不是虚假地想，而是假设地想。"错"通常没有虚假的意思。"错"的字面本意，应该是描述两个物体错开了、没对齐。错开的两物体都是真实存在的，不是虚假的。而在认识论的视域里，"对"与"错"都是一个比照或比对过程的结果，如，评判学生作业的对或错，就是以教科书为参照。行人说自己错了，是以刚才的认知"下雨了"比对并没有下雨的事实，而"没下雨"也是一个认知、一个被认为"实"的认知。

类似地，"实"与"真"也很有缘分。汉语词语"真实"就表达了二者互为依托、互相印证的关系。"眼见为实"可看作概念"实"的通俗定义。"实在"既是口语中常用的形容词、副词,其"真实存在"的字面含义也将"实"与"在"关联在一起,又与亚里士多德的"说是者是,则为真"的思想暗合。作为哲学概念的"实在"(reality)和以其命名的"实在论"(realism)[①]则在两千多年的哲学史上一直稳居核心概念之一,在古希腊时期、中世纪、近代、现代都引发过激烈的学术争论,且已蔓延到现代科学界。但无论是哪个哲学派别,都视"实在"为旗帜而高擎于手中,足见概念"实"之崇高地位。笔者稍后会展开与"实在论"相关的讨论。

在汉语中,大都以"虚"与"实"相对,如与"眼见为实"相对的是"耳听为虚"。耳听到的未必不可信,只是与眼见到的相比,耳听到的在人们心里感觉的"实"的程度差了一些。"虚",似有似无,似是而非,虽不似"假"与"错"那样断然,却也足以否决"真"与"对"。

另一个与"真"息息相关的概念是"信"。"信以为真",而不去细想其究竟,所以一旦发现错了,往往以此自责。很多哲学论证都显含或隐含对某些前提之"信",数学体系中的公理也可视为无须验证的前提,人类行为中的每一个步骤都以对前一步骤之"信"为前

[①] 可参阅:《简明不列颠百科全书》第7卷,"实在论"词条,大百科全书出版社,1988年7月。

提，而"信仰"则是人类数千年精神生活的基石。笔者稍后会展开针对"信"与"信仰"的讨论。

在汉语中，与"信"相对的是"疑"。当"信心"变为"疑心"时，虽然不能确认什么，但本来被视为无须验证之"信"已然崩塌。

真、实、信、对，互相支持、互相印证，如图4-1所示。

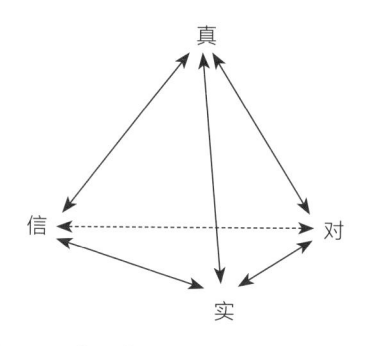

图 4-1 真、实、信、对之间的互相支持

在前文中，对认知"下雨了"的判断，出现过"真""实""对""信"这几个概念，而且它们之间互为判据。如，飘落到行人脸上的水滴、天上的乌云，给了行人以"实"的感觉，"实"支持了"真"；"真"又打消了行人的疑虑，支持了"信"；如果行人想起天气预报曾预报有雨，则以天气预报之"对"支持了"下雨了"之"真"；行人也可能反过来以"下雨了"之"真"支

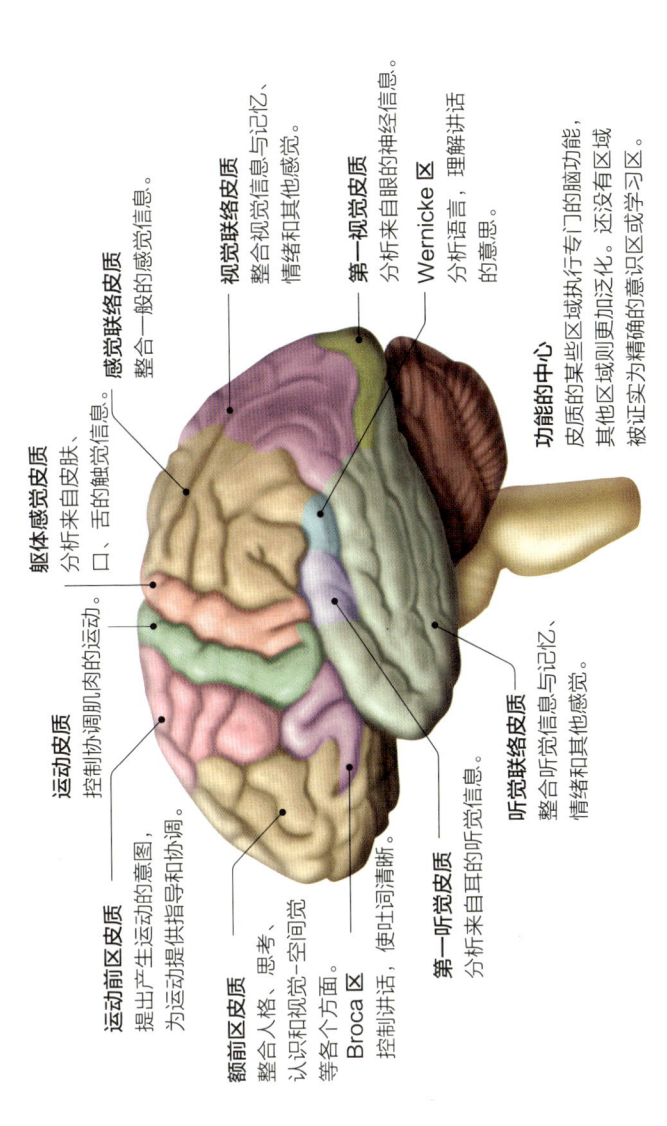

躯体感觉皮质
分析来自皮肤、口、舌的触觉信息。

感觉联络皮质
整合一般的感觉信息。

视觉联络皮质
整合视觉信息与记忆、情绪和其他感觉。

第一视觉皮质
分析来自眼的神经信息。

Wernicke 区
分析语言，理解讲话的意思。

运动皮质
控制协调肌肉的运动。

运动前区皮质
提出产生运动的意图，为运动提供指导和协调。

额前区皮质
整合人格、思考、认识和视觉-空间知觉各个方面。

Broca 区
控制讲话，使吐词清晰。

第一听觉皮质
分析来自耳的听觉信息。

听觉联络皮质
整合听觉信息与记忆、情绪和其他感觉。

功能的中心
皮质的某些区域执行专门的脑功能，其他区域则更加泛化。还没有区域被证实为精确的意识区或学习区。

图 1 大脑皮质功能分区图

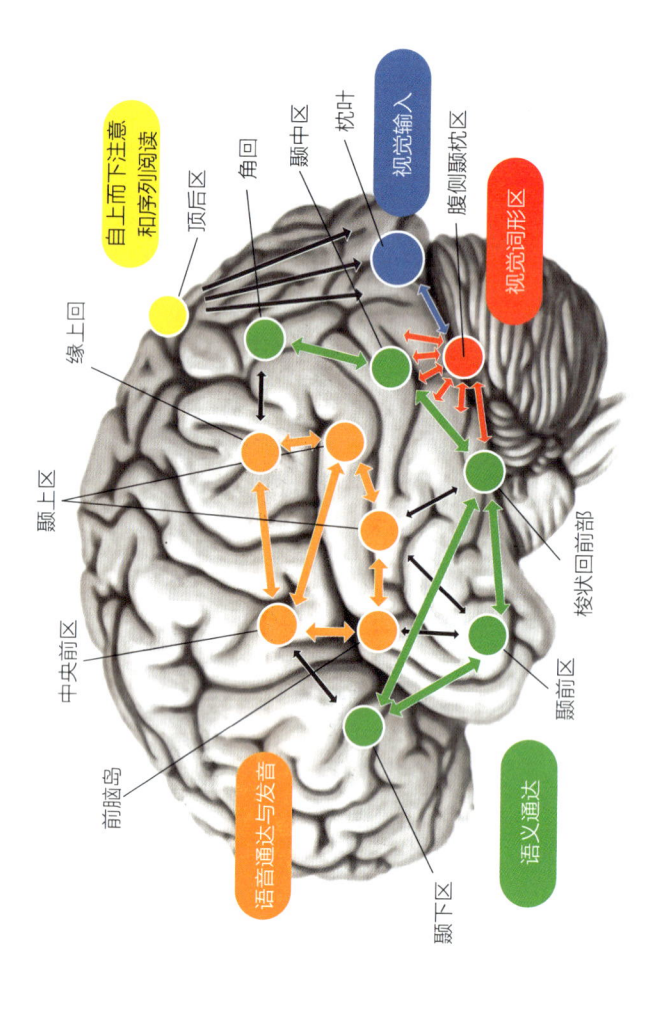

图 2 参与阅读过程的脑区示意图

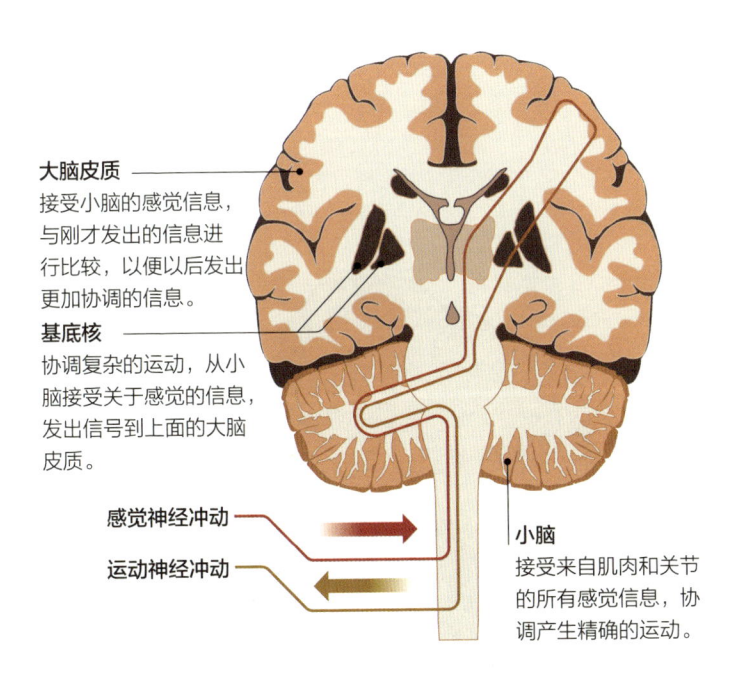

大脑皮质
接受小脑的感觉信息，与刚才发出的信息进行比较，以便以后发出更加协调的信息。

基底核
协调复杂的运动，从小脑接受关于感觉的信息，发出信号到上面的大脑皮质。

感觉神经冲动
运动神经冲动

小脑
接受来自肌肉和关节的所有感觉信息，协调产生精确的运动。

图 3　动作信息的传递通路

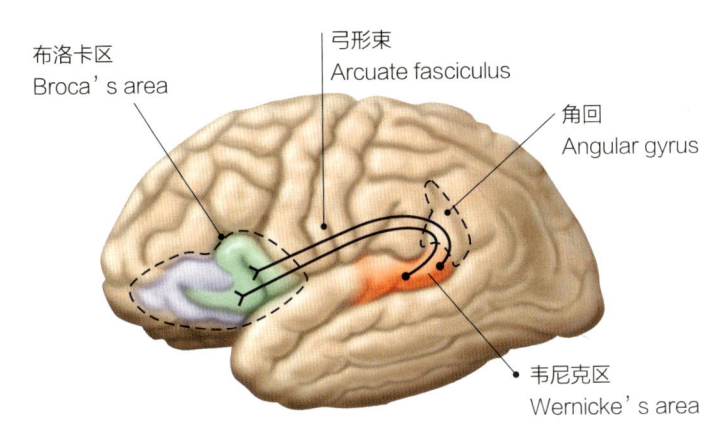

布洛卡区
Broca's area

弓形束
Arcuate fasciculus

角回
Angular gyrus

韦尼克区
Wernicke's area

图 4　左脑布洛卡区、韦尼克区及弓形束位置示意图

丘脑
筛选和整合传入的感觉信息。

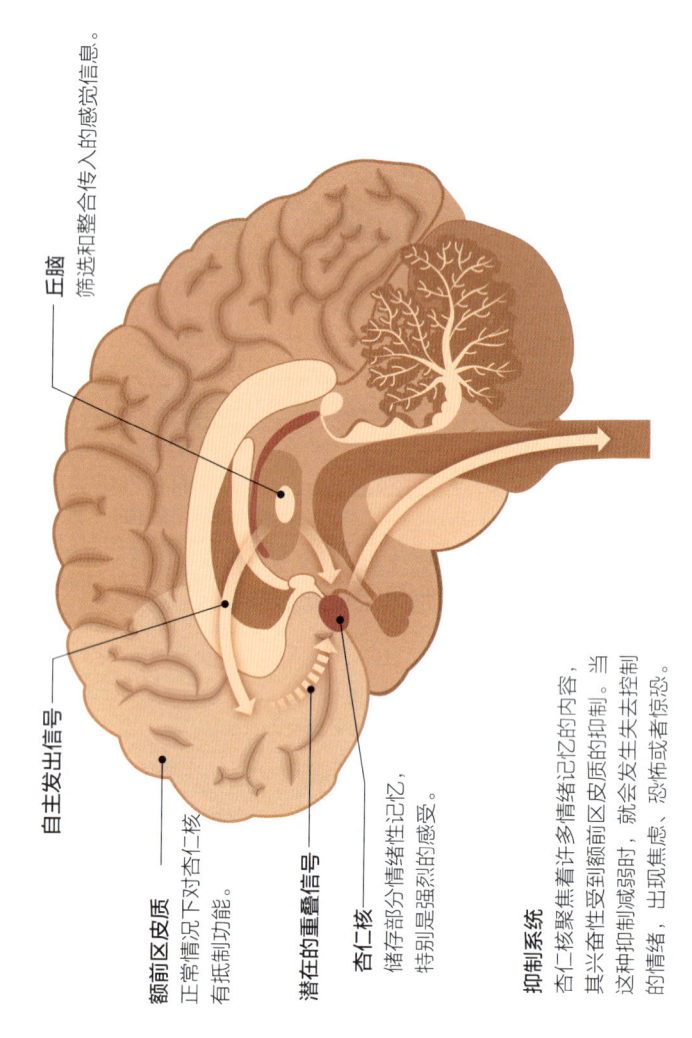

自主发出信号

额前区皮质
正常情况下对杏仁核有抑制功能。

潜在的重叠信号

杏仁核
储存部分情绪性记忆，特别是强烈的感受。

抑制系统
杏仁核聚焦着许多情绪记忆的内容，其兴奋性受到额前区皮质的抑制。当这种抑制减弱时，就会发生失去控制的情绪，出现焦虑、恐怖或者惊恐。

图 5 杏仁核位置示意图

持天气预报之"对",等等。

"实"往往以人体的直接感觉作为评判一个认知的依据,如"脚踏实地""踏实",与关联论定义的"一阶真"类似。"对"的判定往往基于两个认知之间的比对,与关联论定义的"二阶真"类似。"信"之确立则既可能基于理性思考,类似于"二阶真";也可能基于直接感觉,类似于"一阶真";还可能是基于没有任何理由的非理性判断,似乎超出了传统认识论的范围。归纳起来,有如下猜想:

猜想 28 在认识论意义下,"实"可类比关联论之"一阶真","对"可类比关联论之"二阶真","信"则难以做此类比。

但是与"实"相对的"虚"、与"信"相对的"疑"、与"对"相对的"错",皆难以类比与"真"相对的"假"。

人的一个认知,通常是关于一个事物的。如果这个事物特指一个人或一个由人组成的社会群体,则该认知常常被划入社会学、政治学、经济学或文学之领域。此处将其视为哲学认识论与这些学科的交叉领域。在该领域中有一个与"真""实""信"息息相关的概念——"诚","真诚""实诚""诚信"。"诚",既可以是对一个与人相关的认知的评判，也是主体对他人的直接评判。在汉语中，与"诚"相对的"伪"特别类似与"真"相对的"假"。笔者稍后会展开关于"诚"的讨论。

仔细想想，在"真""实""信""对""诚"这一组概念中，"真""实""信"是纯正且基本的哲学概念，是核心，而"对"则偏重科学哲学，"诚"则偏重社会学和政治哲学，故可将图 4-1 修改如下（见图 4-2）：

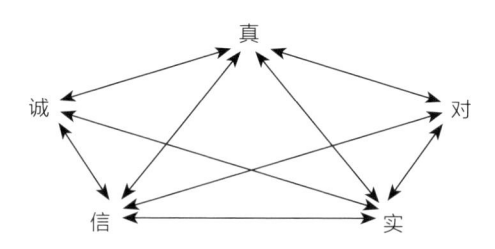

图 4-2 真、实、信、对、诚之间的相互支持

是否可以给这组概念起一个名字？鉴于对一个认知之"真"的判断基于认知者对该认知的认可，故，或可将以"真"为首的这组概念命名为"认可专用概念"，包含：真、实、信、对、诚五个要素。

猜想 29 在认识论意义下，概念真、实、信、对、诚，可被视为"认可专用概念"。其特点是：各概念之间可互相支持、互相论证，其中若一个概念被否定，则其他概念亦连同被否定。

可谓"一损俱损,一荣俱荣"。

既然是认可专用概念,就应该被追问:如何认可?认可当然就是理性的吗?

休谟提出的"怀疑论"(skepticism)对归纳推演的结果之"真"提出了质疑。在其后约300年里,哲学家们试图用理性方法将其驳倒的努力一直未获彻底成功。康德自己认为他的"先验论证"(transcendental argument)回答了休谟的"怀疑论"问题,但后人却指出他的论证进路还是依赖于对某个前提的"信"[1]。

其实休谟并不是认为归纳思维不可行,而是因质疑归纳思维的结果而将这种归纳思维视为非理性思维。然而,归纳思维显然是一个逻辑演绎的理性过程,故后人虽然不能化解休谟的质疑,也并未将归纳思维驱逐出理性思维的大家庭。

休谟是敏锐的,他预见到了理性思维中的非理性因素,而且确实有些难题或悖论难以在常规的理性思维中破解。如,分析哲学中的问题"'是真的'是不是一个真正的谓词"[2],一直难有公认的答案,可见休谟的问题

---

[1] 徐向东:《先验论证与怀疑论》,《北京大学学报(哲学社会科学版)》,2005年第2期。
[2] 费多益主编:《分析哲学专题教程》,中国人民大学出版社,2020年10月。

不是孤例。笔者认为，这个非理性因素不是出现在思维的过程中，而是出现在对思维结果之认知是否认可的判断中。这个猜想或许能从神经生理学的理路得到论证，其思路是这样的：

理性思维是人脑在自然演化中获得的能力，通常被认为发生在所谓"新皮层"，即人类新近生成的脑区中。但人的判断能力是古老的，如，遇到天敌时立即逃跑的判断，此类的判断只能发生在最古老、最原始的脑区中，而且这个古老且原始的脑区不能进行现代意义下的理性思维。所以，理性思维过程中的某些判断，可能发生在这个古老而原始的脑区中。于是有如下可能：

- 在新、老脑区之间有一个神经子系统，专门对来自新脑的理性思维做出的认知进行判定，将判定输出到老的脑区。换句话说，有一个专业"判官"子系统。
- 上述"判官"子系统就在新脑区，对刚刚得到的认知进行判定，向老脑区输出"真"或"假"，以及"对"或"错"等结论。所谓"结论"，应该不是"某某认知是真的"这样的陈述句，而只是某种老脑区能理解的信号。
- 上述"判官"就在老脑区，判定刚刚得到的认知。
- 上述"判官"就在老脑区，但不是一个需要输出"真"或"假"结论的功能性子系统，而是仅仅对刚刚得到的认知表现出某些特殊的敏感。这些"特殊敏感"有：

▲ 能引发关注。如，该认知被关联到一个相反的既有认知或记忆。再如，关于概念 A 的某个认知经过一系列推理得出了"A 是非 A"的矛盾认知，等等。

▲ 能引发某种情绪。如，警告自身安全处于危险中。再如，预示某个心爱之物即将出现，等等。

▲ 能平复某种情绪。如，"终于安全了"（平复了紧张情绪）。再如，"原来是这样"（平复了对某事物疑问），等等。

▲ 能结束该思考过程。如：满足了发起该思考动机，"哦，他是老朋友"（满足了疑问动机"他是谁？"），等等。引发了足够的困扰，不得不放弃。远离了发起该思考的动机，立即打住，等等。

这些特殊敏感虽然不是明确的"真"或"假"，却可能在必要时发起一次思维过程，由新脑区给这个引发了特殊敏感的认知冠以"真"或"假"的结论。

比较上述四种关于"判官"的可能，还是最后一种可能相对合理，即：掌管或司职"情感"的老脑区，以其特有的各种情绪，对刚刚得到的认知给出不同反应，然后，如果需要，新脑区再给该认知冠以"真"或"假"等名号以满足老脑区的需求。

情感，当然是非理性的。

综上，有如下猜想：

猜想30 思维主体对其所得认知的认可，兼有理性因素与非理性因素。或者以神经科学术语表述，即思维主体对其所得认知的认可，始于发生在新皮层区的意识活动，终于发生在旧脑区的情感。

认可专用概念在人的精神生活中有特殊的重要作用。一方面，人们对于这几个概念之反义的"假""虚""疑""错""伪"特别反感，唯恐避之不及；另一方面，绝对的"真""实""信""对""诚"是数千年来人类持续追求的目标。如果上述猜想30成立，那么这几个概念都是介于非理性思维与理性思维之间，既非纯情感，又非纯理性。这一点，很多理性主义者恐难接受，毕竟在启蒙运动之后的二百多年里，崇尚理性一直被认为是人类文明发展到高级阶段的主要特征之一。

其实，一个认知，得自认知者的一个思考过程，若可使发起该思考过程的认知者自己心安，足矣！何必追究该认知、或对该认知的评判究竟是来自纯理性思考，还是有非理性因素？纵然理性为"清"、非理性为"浊"，也是"清者自清，浊者自浊"。"浊者"只在"清者"眼里不那么"清"而已，能认可自己不那么"清"的"浊者"并不多。况且,安知"清者"不会被他人视为"浊者"?安知今日之"清者"不会被后人视为"浊者"?

休谟的怀疑论思辨,所依靠、所推崇的还是理性思维的逻辑,并没有真的跳出理性主义的藩篱。所以围绕"怀疑论"的论辩是理性主义的"家事"。公说公有理、婆说婆有理,最后还是交给非理性这个"外人"来评理。可这个"外人"偏偏不讲道理,其"断案"只为息事宁人。

说"认可专用概念"介于理性思维与非理性思维之间,是说这几个概念以理性的概念为表,以非理性的情感为里。"认可"看上去是理性思维的结果,其实却是非理性的"一锤定音"。

不知这些看法能否解释维特根斯坦的名句:"知道最终建立在承认(anerkennung)的基础上。"[1]

哲学似乎不必为一个新认知的"真""实""信""对"提供担保。这既是因为此类无穷追问终究会陷入僵局、陷入"担保的终极匮乏"(ultimate lack of guarantee)[2];也是因为人类所掌握的知识体系本来就是

---

[1] 维特根斯坦:《论确定性》,韩林合主编《维特根斯坦文集(第8卷)》,商务印书馆,2019年1月。
[2] 齐泽克:《视差之见》,季广茂译,浙江大学出版社,2014年12月。

在不断质疑既有知识的过程中增加新知识的。而且对新的认知——无论是自己想出来的还是接收自他者的——做出是否认可的判断,本来就是每个人自己的事情,每个人都会以其独特的"信之跃"(leap of faith)[①]将一些被别人存疑的事情视为理所当然。"跃",就是"理"向"当然"之"跃",就是在对某认知的判定过程中,理性向非理性之"跃"。

以"认可专用概念"将认识论中的认知过程与认知评判区分开来,将"是"与"真"区分开来,是本书的主旨之一。

这么重要的概念"认可",却没有给出英文译词,是因为可能的译词虽多却均未被笔者"认可"。由此或可引出更深入的思考,留下一个接口吧。

回过头来,延伸对"真""实""信"的思考,最后看"诚"。

先来看"真理"。

笔者此前曾强调,在汉语中,"真"不能等同于"真理"。

认识论意义的而不是社会学(含政治学)意义的"真理",或可被看作关于一个复杂事物的一组认知。在这组认知中,如果其中每一个认知都是"真"的(或者

---

① 齐泽克:《视差之见》,原书译为"信仰的飞跃"。

说"实在""可信""正确"的，下文均以"真"代表），且各个认知之间的论证（或演算）关系都是真的，那么应该可以说：关于该复杂事物的这组认知是真的。当这组认知被冠以一个名称时，以该名称命名的这组认知就是一个关于该复杂事物的"理念"。如果这组认知是真的，则该理念也是真的。

"真"的理念可以被称为"真理"吗？恐怕要看"真理"怎样被定义。古往今来，"真理"的定义有很多，很难枚举且难以取舍。如果尽量严格些，借用数学形式系统中"相容性"与"完全性"的概念，借用哥德尔不完全性定理，"对任一足够丰富的数学形式系统而言，如果它是相容的，则一定是不完全的"[1]，似可给出一个猜想性的"真理"定义：

猜想 31 关于一个复杂事物的一组认知，即关于该事物的理念，可以被称为"真理"，需要同时满足如下三个条件：①各认知为真；②各认知间的论证或演算为真；③由这组认知组成的系统是相容的或完全的，其中"相容性""完全性"符合数学形式系统的定义。

是不是过于严格了？宁缺毋滥。毕竟"真理"是人

---

[1] 张建军：《哥德尔不完全性定理及其意义辨析》，2022年。

类永恒的追求。

再来看"实在"。

正如"真"不能等同于"真理","实"(real)也不能等同于"实在"(reality)。"实"在认识论论域中,是认知者对一个认知之认可的一种表述;而"实在"则以其"在"将自己延伸到了存在论视域中。

哲学史上,柏拉图提出实在论的原初思想,"强调本质或形式的独立和超然的存在"[①],直到今天还被大批科学家认可。确实,人们的理性思维大都是"形式"的思维,如简单的算术。从大众日常生活到几乎全部科学技术门类,每时每刻都在发生着大量的形式演算,甚至小学算术中的"应用题"都可以说是在训练孩子们把实际问题归结到形式演算的能力。有谁能说"形式"不存在呢?然而,"形式"确实又看不见摸不着,能看见听见的只是一些字符、图形、语音,总不能以字符、图形、语音的独立存在而推论"形式"的独立存在吧?至少,离开字符、图形、语音,"形式"将无以附着。究竟"形式"是不是独立存在呢?问题指向了何为"存在"。

到了中世纪,"共相"的实在问题成为经院哲学家们争论的中心。实在论者继承了柏拉图的思想,坚称"共相"实在;与其相对的"唯名论"者则认为,"共相"只

---

① 可参阅:《简明不列颠百科全书》第 7 卷"实在论"词条。

是一个主观的名称，不是实在的事物。问题再次指向了"存在"。

巴雷特曾举出一个可能是 20 世纪某逻辑实证论者给出的推论例子[①]，其思路是：因为"7 是质数"，故"质数"是"7"的本质。且"7 是质数"没有时间性，因为说"7 曾经是质数"与"7 将是质数"都没有意义。所以，本质没有时间性，本质永恒。既然永恒，当然存在。本质不仅存在，还先于存在。最后的结论最令巴雷特等存在主义者不能接受。问题又指向了"存在"。

以笛卡尔为发端的西方近代哲学引入了"主体性""我思故我在"思想，使得实在论之"实在"的聚焦点从本质、形式、共相等纯理念转移到与主体相对的客体，核心问题是：作为主体的知识对象的客体之存在，是否独立于主体。"实在论"或"新实在论"或其他名目的"实在论"认为是独立于主体；与其相对的多种派系认为不是，即认识对象之存在都或强或弱地依赖于主体。问题还是指向"存在"。一个据说是爱因斯坦提出的问题常被引用："月亮在无人看它时，是否存在？"实在论者认为月亮无条件存在，被实在论者称为唯心论（idealism，又译观念论）的学派会为月亮的存在

---

① 巴雷特：《非理性的人》，段德智译，上海译文出版社，2014 年。

加上若干前提。这个争论一直延续至今，据说量子力学的进展不利于实在论。问题依然指向"存在"。

这里多说一句：最好不要以为实在论者就是唯物论者，因为被实在论者认为"实在"的本质、形式、共相等理念，不会被唯物论者认定为"物质"。

上述哲学史中围绕"实在论"的数次争论，如果换一个思路，从本书关联论的视角看，似应区分三个层次的概念：存在者、存在、实在。

存在即关联。无关联，不存在。一个存在者的存在与否，或可被认为，取决于它与其他事物的关联。在某人没有观看月亮时，不考虑引力、月光对人的影响等因素，可认为此时月亮与该人的关联不在，月亮确实不在该人的意识中，或者说月亮此时不是相对于该人的存在者。但月亮与地球的关联、与太阳的关联还在，它还是相对于地球的存在者，或者是相对于太阳的存在者，等等。

进而，如果某人虽然没有观看月亮，却读到或听到了与月亮相关的文字、声音、图像，或者就是在发呆时想到了月亮，那么能不能由此判定月亮相对于这位思考者的存在呢？换句话说，概念的月亮而不是实物的月亮与意识中的其他概念发生了关联，能否由此判定实物月亮的存在？应该可以。因为概念月亮就是在语音月亮与实物月亮的视觉图像发生关联以后建立的，且由此给思考者带来了"实"的心理感觉。

这恐怕不能令"新实在论"者满意，毕竟即使月亮的存在已经与观察者是不是在看月亮无关，却还只是相对于什么的存在，而不是无条件的存在。但仔细想想，对任何一个事物，只要被思考者说出或想到其名字，其概念就已经与思考者的自我发生了关联，就已经存在于思考者的意识中，或者说相对于思考者来说它就已经存在了，对其存在没有附加任何其他条件。这或许已经是附加条件最少的"实在论"了。如果连"想到"都不可以，那么，这个不能被所有人想到的事物，就不再是被人作为主体所认识的客体，也就不应该在"新实在论"者的论域中了。

还可以再进一步。思考者在思考过程中用到了这样的概念，该概念的建立：①没有借助与感官信号的关联、例如"形式"；②该概念即使在建立时借助了感官信号，但在思考过程中不必借助这些感官记忆。例如数字 1，即使有"一个苹果"的感官记忆，但在涉及"1"的数学计算中没有想到"一个苹果"；③没有被思考者作为认识对象或"客体"。总之，被用到的概念是纯理念，或者借用康德的话，用"纯粹理性"概念表述此类概念，思考者的思考过程是在一个纯理念构境中的演算或推理等。此时，可以说这个概念所表示的意义，如"形式""本质"，是存在的吗？这就触碰到了古老实在论的核心问题。

此类概念，大都被解释为"抽象"概念，虽然笔者并不认为此类概念的最初建立是一个"抽象"过程。[①]既然是抽象，就会有被抽取的对象，如概念"白"是由诸多对象"白马""白纸"等抽象而成的。纯粹理性概念则按某种特征抽象自某些概念，如概念"质数"按"只能被1和自身整除"的特征从概念"正整数"中抽取。所以可说，此类可被解释为抽象概念的纯粹理性概念按其抽象特征存在于与被抽象概念的关联，如质数按其特征存在于与正整数的关联中。由此可生成许多认知，如"7是质数"。此类概念的"存在"，或因其被广泛认可的特征而给人以"实"的心理感觉，故说其"实在"应该没有异议。

　　但仍然有一些纯粹理性概念，无法或不被认为是从其他概念中"抽取"的，如"本质"，可以说"7的本质是质数"，但概念"本质"并非"抽取"自概念"质数"；再如"形式"，可以说"数字是物体数量或序位的表现形式"，但概念"形式"并非抽象自概念"数量"；再如"规律"，常被用于"这就是某事物的规律"这样的句型，也有类似的特点。此类概念a常被依附于一个概念b，或者说藏在概念b的后面，或者说被指定给概念b，而与另一个概念c建立关联。故可笼统地说，概

[①] 详见本书第三章《意义》。

念 a 存在于与概念 b 和概念 c 之间的关联；或稍精确地说，概念 a 存在于被其指定的概念 b 和概念 c 之间的关联。概念 a 的存在即可确立。但仔细想想，这里有一个前提，即概念 b 关联概念 c 组合成的陈述句必须成立，如"7是质数"，再如"数字表现物体数量或序位"，然后才能把 a 指定给 b，如指定"本质"给"7"，指定"形式"给"数字"。这种"指定"或"被指定"纵然无法否认，但给人的感觉就令概念 a 不那么"实"了，即使概念 a 的存在已被认可。例如，说"7是质数"没有问题，但说"7的本质是质数"就会有些含糊，因为凭什么可以把"质数"说成是某数的"本质"？

"存在"与"实在"的差别，在这里就表现出来了。

"本质""形式"等纯粹理性概念，其"存在"被认可，其"实在"却略显牵强，这或许正是围绕着古老的实在论的论争延续至今的原因之一，或许也会导致这样的现象："本质""规律"等概念，用于日常生活和科学与技术中尚且可以，但用于哲学思辨、政治理论时却常常引发争议，据说关于"什么是本质"就可以写一本哲学专著。

本质与存在，分别是实证主义与存在主义两个哲学阵营的核心概念。究竟是本质先于存在，还是存在先于本质？孰先孰后？孰轻孰重？两个阵营各执一词。现在让我们试一下关联论的思路。上文曾有一个推理，实证主义者以"7是一个质数"没有时间性而论证本质先于存在。以关联论观之，在该陈述句中，"7""存在"于与"质数"的关联之中。如果去除这个关联，孤立的"7"回归零阶概念，却可能再次现身于其他关联，如"7=3+4"。换句话说，没有"本质"，"7"也可以存在于其他关联之中。当概念"7"以"7的本质是质数"出现时，"本质"与"7"的"存在"同时出现。是故，本质与存在，同时现身、同时隐去。孰先孰后？孰轻孰重？似乎没有争论的必要了。两大阵营的哲学家们，是不是可以就此握手言和了？

回到"实在"。尽管"实在"是一个被关注与争论了数百年的纯正哲学概念，但以笔者观之，可将其看作"存在"概念向心理学论域的延伸或投影，且"实"的程度可变。一个概念的"实在"程度与该概念在建立过程中主体所感受到的清晰程度呈正相关。主体的感受越清楚，该概念给主体的印象越"实在"。于是有如下猜想：

猜想32 概念"实在"可视为哲学概念"存在"向心理学论域的延伸或投影。

接下来让我们来看看信仰。

如果说，"真理"是"认可专用概念"向理性方向的延伸,"实在"是"认可专用概念"向存在论方向的延伸,那么就可以说,"信仰"则是"认可专用概念"向非理性方向的延伸。因为,信仰"指在无充分的理智认识足以保证一个命题为真实的情况下,就对它予以接受或同意的一种心理状态"。[①] 汉语语词"信"与"信仰"二者,或许以"信"对应英语/德语的 belief、以"信仰"对应英语的 faith 会比较恰当。胡塞尔用 belief 标识"存在信仰的朝向"或"对存在的执态"[②],更符合西方哲学将"存在"与"真""信"并置的传统。而更广义的"信仰",作为人类精神世界中的核心现象之一,则有着厚重的历史和广泛的社会性。

被"信"者,可能是一个或一组认知,可能是思考过程中被默认的前提或明确的依据,像是被放进了一个保险箱,不再接受审查,不再被质疑;而被"信仰"者,则在被"信"之上添加了一层被"仰视",故通常不是认知,而是一个事物、一个被形象化的理念,像是被套上一个光环,被崇敬、被珍视,不仅不被质疑,甚至不容置疑。

然而,在人的意识中,这些被信者、被信仰者,是

---

① 《简明不列颠百科全书》第 8 卷"信仰"词条。
② 可参阅:倪梁康,《胡塞尔现象学概念通释》"belief(存在)信仰"词条。

怎样获得它们的地位、怎样在相对长的时间里维系它们的地位的呢？

设想有一组认知（A_1、A_2、A_3……），其中的各认知分别表述一个事物、现象或事件。现在分析各认知之间的因果关系，假设认知 A_2 被认可为认知 A_1 的原因，认知 A_3 被认可为认知 A_2 的原因，以此类推，于是这组认知形成了一个因果链。假设该分析过程终结于认知 A_b。如果类似的分析过程发生过很多次，每次都从不同的起点出发，却几乎每次都终结于认知 A_b，则认知 A_b 的可信度就会越来越高，最终获得了被"信"者的地位。接下来，有哲学家问道："世间所有事情的发生总有其原因，依因果链条向上探索，会不会都归结到同一个最终的原因呢？"这个最终的原因不再有其原因了，可被尊称为"第一因"。很多哲学家认为存在"第一因"。基督哲学家认为："第一因"就是上帝。于是，被"信"者成为被"信仰"者。

如果"被信者"逐渐被越来越多的人所信，就可能被记入典籍，被列入教材，被越来越多且越来越通俗的例证反复印证。而"被信仰者"则由各类庄严肃穆的仪式所衬托，不断被颂咏，直抵人心，或许反而省却了各种论证。

在成年人的脑神经系统中，那些被反复论证的"被信者"所在的神经元集团、那个被不断颂咏的"被信仰

者"所在的神经元集团,一定是强大无比的。于是有如下猜想:

猜想33 信仰基于被强化的关联。

然而,循着"第一因"的推论思路,即使存在"第一因",也无法继续推论这个"第一因"就是上帝。虽然"信仰"有非理性因素,但找到非理性因素之所在,仍然是理性思考的责任。

论证"第一因"为上帝的基督哲学家是圣托马斯·阿奎那。下面是他在《论存在者与本质》中的名句:

> 所谓第一存在(primo ente)即纯粹存在。这也就是第一因(causa prima),亦即上帝(deus)。[1]

由此进入存在论、认识论、神学的混合论域。

托马斯原著中的论证涉及一些哲学概念,如本质、形式与质料、种与属、灵智等,且一些论证不一定能被现代科学接受。该书的中文译者段德智对此有详尽的解

---

[1] 阿奎那:《论存在者与本质》,段德智译,商务印书馆,2018年版。

释。[①] 笔者从中简化出如下理解思路：在形成"第一因"的事物因果链中，每个事物都是"存在者"，故"因果链"可看作"存在者链"，后一个存在者是前一个存在者之所以存在的原因。而最后一个存在者 A_b，后面没有其他存在者能作为使这个 A_b 之所以存在的原因了，这个 A_b 就是自己存在的原因。于是，这个 A_b 自身就是存在，此所谓"第一存在"。但任何一个存在者自身都不可能是纯粹存在，所以，这个"第一存在"不再是存在者，而是纯粹存在。这个缔造了所有存在者的纯粹存在，只能是上帝。该推理思路可勾勒如下：

事物 → 存在者 → 存在 → 纯粹存在 → 上帝

笔者认为：这个推理思路的第一步相当复杂，不易厘清，或许只能大致认可；而最后一步则是"信之跃"之所在，无须质疑，相信即可。

托马斯因以其相对严密的推理论证了上帝的存在，因此被教皇封圣，从而名垂青史。但他在推理过程中严格区分了存在者与存在，这个区分对后世的影响更为深远。对此，段德智有如下评论：

---

① 可参阅：《论存在者与本质》的附录一《西方形而上学传统中的一部经典之作——对托马斯〈论存在者与本质〉的一个当代解读》。

"存在"在托马斯这里不再是一个思辨的概念或逻辑范畴,而是成了"一个不定式(to be, to exist)",成了"存在活动(the act of being)",成了"纯粹的存在活动(the pure act of existing)",成了"万物得以存在的存在活动"。存在问题因此也就成了"解释实在的'硬核(the very core)'",成了形而上学的"第一原则(the first principle)",成了哲学或形而上学的"拱顶石(keystone)",成了形而上学得以存在的"根据"。而形而上学也就因此而成了"关于存在之为存在的形而上学(the metaphysics of being as being)"。[1]

　　分析托马斯论证上帝存在的思路,笔者有两点收获:其一,托马斯的论证发生在基督教盛行的一千多年以后,足见信仰在先,论证在后;信在先,真在后,实在后;非理性在先,理性在后。这一现象的普遍性如何?是不是每个人的每次思考过程都是先有非理性的模糊感觉或直觉,后有相对严密的理性论证?这一现象如果有足够大的普遍性,就足以提示人们:理性固然是人类之追求,或许已经达到至上的地位,却远未达到至先的地

---

[1] 段德智:《西方形而上学传统中的一部经典之作——对托马斯〈论存在者与本质〉的一个当代解读》。

位。其二,纯粹的信仰也需要"真"与"实"的支撑方能弥久、方能普及,未来人类的普遍信仰必与真理和实在三位一体。

下面是另一种信仰。

如果说托马斯是以哲学家的理性论证将"存在者之存在"指向了上帝,那么数百年以后的基尔凯戈尔则跨越了理性论证,直接以自己的行为将"存在者之存在"指向了"我自己的存在",指向了"我自己"与"我的上帝"的共在,或者说,他以摒弃了常人生活的"我",将"存在"指向上帝。

> 当基尔凯戈尔放弃了丽琪娜,从而永远地放弃了他所渴求的常人生活的慰藉,他也就遭遇到了他自己的存在,他这种存在的实在性比任何一个概念的实在性都要猛烈和有力。如果存在的宗教层次被理解为人生道路上的一个阶段,那么很清楚,宗教关心的真理就完全不同于信条或信仰的真理。宗教并不是由一些理性命题构成的体系,信仰者赞同它是因为他知道它是真的,就如几何学体系是真的一样。基尔凯戈尔认为,我们在这里所考察的问题是一个人自己对真理的个人"据为己有"(aPPro Priation)。"据为己有"这个词来自拉丁词根 Pro Prius,意即"一个人自己的"。这类真理不是理性

的真理，而是整个人的真理。严格地讲，主观真理不是我所拥有的真理，而是我所是的真理。[①]

笔者理解基尔凯戈尔：当他舍去了心爱的丽琪娜时，他是要体验自己纯粹的存在，体验与自己的上帝共在，体验与自己的真理共在。他的存在、他的上帝、他的真理，仅存于他的内心，无须寻觅，蓦然可见。

以关联论观之，基尔凯戈尔所遭遇的"自我"就是零阶自我。任何一个人，当他或她谁都不是、什么都没有，且不在任何一个地方时，就是他或她自己内心的零阶自我。此时，那个与"零阶自我"共在的"被信仰者"，那个可能是"零阶自我"的慰藉之所、动力之源、价值之准的"被信仰者"，已经被"零阶自我""据为己有"，且仅存于自我的内心，暂时与世界无关，甚至可以说已经不是与"零阶自我"相对的"他者"了。于是也就没有必要再为其命名为"零阶信仰"了。

比较托马斯与基尔凯戈尔，托马斯将"存在者的存在"与真理、实在一起指向上帝；而基尔凯戈尔则将"自我的存在"与真理一起指向上帝且放置在内心。均可谓纯粹之至。

综合"真"与"真理"、"实"与"实在"、"信"与

[①] 威廉·巴雷特：《非理性的人》。

"信仰",如图 4-3 所示。

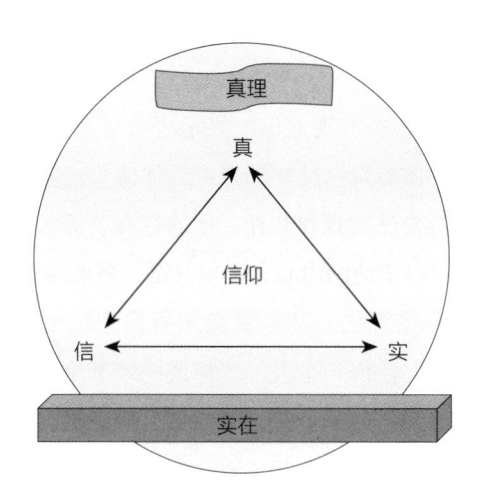

图 4-3 真、实、信,真理、实在、信仰

但是,如果走到另一个极端,像尼采那样,宣称"上帝已死",或者说"清空"了"被信仰者",又会如何呢?据说尼采给出的解决方案,是将"力量意志"注入"被信仰者"之中。20 世纪的哲学家以此来解释近现代由西方引领的巨大科技进步。但在另一方面,是不是也可以解释人类社会普遍存在的暴力,以及在 20 世纪陷入的空前战乱?

或许每个人的意识中都有一个"被信仰者"。如果有一个事物在你的内心处于这样的地位:它无条件地被相信或信任,它是你思维过程中恒久的公理、起始点、参照系"不动点",是你的道德基准和价值基准,虽若隐若现却一直在那里,你不觉得它是一个"他者"甚至就是自我的一部分,那么这个事物就应该是你的"被信仰者"了。

有信仰,有实在,有真理。内心通透。

最后来看"诚"。

笔者从 2013 年起做了一个实证研究,在撰写作为该项研究结果的《鲇鱼哈的知青们,1964—1986》[①]过程中,曾定义过一对社会学概念——"诚"与"失诚"。现稍做修改后抄在这里,不展开社会学意义的讨论。

内心是对一事物的所感、所信、所愿。表象分为言论与行为两个层次,言论是用语言、文字等对外宣示其内心;行为是关于内心所思之事物的各类行动。相对于言论,行为是更外层的表象。

将内心、言论、行为视为从内向外的三个层次,可构成一种"诚信模型"。在一个特定时间与地点,关于一个特定事物,内心、言论、行为各自状态的集合,构成一组"诚信状态"。不讲话、无言论,约定为言论的零状态;无行动、不作为,约定为行为的零状态。约定内心没有零状态。

内心状态为 A 时,言论及行为的状态可分别为 A、

---

① 待出版。

非 A（记为 Ã）、零（记为 O），于是可穷举各组诚信状态如下表（见表4-1）：

表4-1 由内心、言论及行为组成的诚信模型

	内心	言论	行为
状态1	A	A	A
状态2	A	A	Ã
状态3	A	A	O
状态4	A	Ã	A
状态5	A	Ã	Ã
状态6	A	Ã	O
状态7	A	O	A
状态8	A	O	Ã
状态9	A	O	O

基于上述约定，可有如下定义：

在由内心、言论及行为组成的诚信模型中，称其诚信状态为"诚"，当且仅当内心状态为 A 时，言论状态及行为状态均无 Ã；称其诚信状态为"失诚"，当且仅当内心状态为 A 时，言论状态及行为状态至少有一为 Ã；称其诚信状态为"信"，当且仅当言论状态为 A 或 Ã 时，行为状态同为 A 或 Ã；称其诚信状态为"失信"，当且仅当言论状态为 A 或 Ã 时，行为状态反为 Ã 或 A。

第四章 真

按该定义，上表中的状态1、3、7、9为"诚"，其余均为"失诚"；上表中状态1、3、5、6为"信"，状态2、4为"失信"；状态4为"失诚"加"失信"。

以关联论观之，按上述引文中的定义，"诚"，就是"一阶自我"展示给他人的"真""一阶真"或"二阶真"。汉语"真诚"将"真"与"诚"并列在一起，诚其所哉！"零阶自我"的"真"仍然不被他人所知，因其并未关联他人。"一阶自我"只能以其言、其行示于他人，言行一致即示他人以"信"。

然而问题在于，某人在自己内心对一事物的所感、所信、所愿，只能通过其言其行被他人所知，达致其信、其诚被他人所认可。言行一致尚可证明，表里如一却难判定。"所谓诚其意者，毋自欺也。"自欺即失诚。不自欺、守诚，极易却又极难，因为失诚只能靠失信判定，自己不说不做便无人知晓。易言之，失诚无成本。"故君子必慎其独也。"慎独而守诚的君子固然少之又少，却能以其可贵的真诚而在与他人的交往中获得稳定的认可。从而，按中国古代正统政治思想的逻辑，相继获得"齐家、治国、平天下"的资质。由此有以下思考。

在中国传统政治思想中，诚者，作为家长获得家人的认可，作为君临天下的皇帝获得臣民的认可，都是基于人对人的直接认可。下位者对上位者，首先要有内心的认可，其次才是对等级的承认，最后才能有言与行的由衷服从。这是理想状况。如果缺了对上位者的内心认可，只剩下对等级的承认，即单纯的"臣服"，其言与行的"服从"就会打很大的折扣。对比西方政治思想，无论是"契约论"还是"自然论"，下位者遵从的首先是契约、"自然法"，其次才是上位者个人。由此可见"诚"在中国传统政治思想中的基石作用。

以关联论观之，"诚"是"零阶自我"敞开的一扇门窗。真诚地向他者表达真的意念、意向、意愿，"诚其意"。虔诚地向所信仰的上苍倾诉。这或许是心灵中的一种本原的需求。相反，"失诚"是"零阶自我"有意的遮蔽，从而在自己的内心与表象之间形成差距，差距越大、持续越久，就越难以解脱，使得内心长期处于紧张纠结的病态。由此可见"诚"对心理稳定及健康的重要作用。

心不累才有纯净的眼神，才有心与心的交流。

从"真"说到了"诚"，并由此注意到心与心的直接交流，笔者就不再展开了，算是留给道德哲学、政治哲学与社会学的接口。

第五章 陈述、经验、记忆

在分析了语词／概念层级的意义、语句／想法层级的意义之后，似乎可以再提升一个层级，看看语句是如何生成的，或者说，语句的意义是如何产生的。

这次先进入神经生物学的视域。位于人脑中央沟后部联合区的记忆组群记忆着两种语句，其一是被理解的外部输入语句，无论是听到的还是读到的；其二是此前的思维活动所生成的语句，无论是不是曾经以说或写的方式表达过。这些语句以整句的形式参与到由前额叶主导的更高层级的思维活动中。

如果本书猜想 12 成立，则一个人的一次思维活动如果生成了一个想法，就是生成了一个语句，那么，这个语句是怎样生成的呢？在生成语句的过程中，既有的认知或经验是怎样发挥作用的？孩子们还没有"语法知识"的时候却能说出语法大体正确的语句，是如何做到的呢？

笔者记得二十多年前在美国，与亲戚一家外出游玩，看见外甥喜欢一个小东西，我就给他买了。三岁的孩子很高兴，见到他妈妈，指着我说："He did two dollars."口齿清晰。笔者当时心想："哦，英语还可以这样说？"意思是，还可以用 did 取代动词 paid？

这个三岁男孩何以能对我的行为做出大致准确的陈述呢？或许很简单：孩子见过家人指着一位男士说"He"，见过家人拿着两张一美元钞票说"two dollars"。至于"did"，也许他记住了简单句"Yes, he did"。他那时还没有将"把钞票递给别人"的动作与语词"pay"的语音关联起来，所以不会说单词"paid"。而且，最重要的是，他那时还没有"组织完整语句"这样的愿望，更没有诸如"主语+动词+宾语"这样的语法知识，只是有把舅舅的行为告知母亲的愿望，然后就简单地说出了三个语词或词组。这三个语词或词组被一个成年人听到后，就很自然地认为是一个完整语句了。

孩子更小的时候，见过家人指着一位男士说"He"，在他的脑区建立了语音"He"与一位男士的图像之间的关联，并由此建立了语词"He"的神经元集团。除此之外，该神经元集团可能还关联了当时的场景。孩子是在一个场景中看到了家人的行为，看到了场景中被家人指的男士，应该还看到了场景中的其他情节，听到了家人所说的与这些情节相关的完整话语。如果孩子当时在该场景中理解了家人的话语，除了在他的脑后沟联合区记住了这个完整语句，还记住了当时的场景。类似的场景多次重复以后，包括幼儿故事书里的场景，孩子就可能逐渐记住了，如果要在一个场景里叙述某男士的行为，应该先说"He"，再说他的行为，再说他的行为关联到的物品。他一定困惑于那么多动词及其时态变化，但是他记住了一个"did"，因为这个词经常出现。类似于"He did two dollars"这样的话，他应该说了不止一次了，而且没有被家人纠正，再说一次似乎也没有使自己不愉快或困惑的风险，于是就再说了一次。相信在其后的岁月里，孩子会在不同场景中逐渐用他认为合适的动词去替换"did"。而"主语 + 动词 + 宾语"的语法知识，应该是在上学以后才掌握的。

这个过程，或许就是人们常说的"经验"的积累过程。但是本书认为应该特别强调的"经验"，不在于语句生成所需要遵循的语法规则，也不在于语句中各语词的正确使用，而在于语句生成的场景。该场景中包含了语句可能涉及的事物，各事物在该场景中的动态关系、静态关系乃至历史关系，包含了主体作为该场景一员与其他事物的动态关系、静态关系乃至历史关系，包含了主体自身的情绪，然后才是指代各事物在该场景中实际表现的、主体认为合适的语词，最后才是构成一个语句的习惯语法。所有这些复杂内容，是主体在其生活经历中一次一次积累的，每一次积累都体现为若干神经元集团之间新形成的神经联结，而所有积累都体现在脑后沟联合区、枕叶颞叶顶叶联合区，以及各初级皮质区（当然可能还有其他脑区）的神经元的静态联结中。

有了这么多经验，当主体的"自我"发起了一次"关于什么"的思考时，记忆着这个"关于什么"之事物及其相关各事物的诸多神经元集团，就自然形成了一个"域"。在其中，这些神经元集团之间已经有了神经联结。于是，前额叶脑区以一个神经元集团为"入口"，发起了一次逐个联结其他神经元集团的动态"投射"过程，生成了一个可能不甚清楚的"想法"，然后可能再发起多轮动态投射过程，使得"想法"逐渐清楚或更加不清楚，最后成为一个完整语句，一个令"自我"认可的完整语句。（也可能是"没想清楚"。）这就是一个想法或语句的生成过程，一个"自顶向下"的、以多轮神经元集团之间的动态投射为生理基础的、内容逐次迭代的过程。

这里把"自我"置于如此重要之处有点着急了，但似乎不如此说不清楚。容笔者稍后详解。

上述的那个由记忆着"关于什么"之事物及其相关各事物的诸多神经元集团所形成的域，在理论上，可被归结为一个以这些神经元集团为节点、由各节点之间的既有神经联结而形成的网络。在该网络中，可能形成多种"投射"路径，而沿每一个路径的投射过程都会生成一个语句或想法。所以，投射路径的理论数量就是可能形成的语句或想法的理论数量。而每一次实际投射所形成的语句或想法，只是所有可能生成的语句或想法之一。我们将这样的域称为"生成域"（generated domain），即语句或想法的生成域。

生成域有这样几个特点：时间短暂，仅维持于当下意识活动的始末；以那个记忆着"关于什么"的神经元集团为入口；围绕入口的、经由既有神经联结到的神经元数量难以计数，故边界模糊。或可将其比喻为在一个既有网络中的临时组成的、边界模糊的子网。

生成域中所发生的、在多个神经元集团之间依次投射电化学信号的动态过程，为什么就是生成语句及其意义的过程呢？因为被投射的每一个神经元集团的表征都是一个语词，所以一次投射就产生了一个语词序列，从而形成了一个语句，尽管这个语句可能不够完美。继而，如果将各神经元集团自身的表征称为"基础表征"，那么被投射的各神经元集团的基础表征之间的关联，就生成了本次投射的"群体表征"。于是，在语句生成过程中的一次投射所生成的"群体表征"，就是该语句的"意义"。一个语句及其意义，"生成"于发生在"生成域"中的一次投射。

生成域中所发生的一次投射过程，除了可能生成一个语句或想法，还可能伴有这样几个结果：首先是加强了承载电化学信号的神经纤维,据说可能加粗神经纤维从而降低电阻使得电流易于传导;其次是可能在神经元之间生出新的神经纤维,增加两个神经元之间的通路。这就导致相同或相近的投射路径被再次投射,其表征就是习惯性地产生相同的想法,使被信者更被相信;再次是如果某次投射将信号送到生成域的"边缘地带",其表征是想到平常很少想到的事物,就可能生成一个平时少见的"新"想法,且这个想法有可能在被"自我"认可后反复加强,其表征就是"发散性思维""直觉""神来之笔"等,直至形成新的"经验";从次是投射路径不是固定的或"决定论的"(deterministic),多少会有些偶然性或随机性;最后是有些曾经的投射路径长期不"用",就会萎缩乃至断开,其表征就是记忆的逐渐模糊,直至忘却。

有了这些描述与分析,可将上述的语句生成过程归结为:

猜想34 一个语句及其意义的生成,是由"自我"发起的一个"关于什么"的思考过程的结果,发生在一个"生成域"中,经历了一个可能由前额叶主导的、"自顶向下"的、以多轮神经元集团之间的动态投射为生理基础的、内容逐次迭代的过程。被投射的每一个神经元集团的基础表征是一个语词,一次投射所生成的语词序列即为一个语句,而由各基础表征之关联而生成的群体表征,就是该语句的"意义"。最终结果被"自我"认可或不认可。所述"生成域",由记忆着这个"关于什么"之事物及其相关各事物的各神经元集团经既有神经联结而成,是临时的、边界模糊的,包含着生成不同语句的诸多可能性。

"生成域"概念或可说与胡塞尔现象学的"视域"(horizon)概念类似。

根据胡塞尔的意向性理论,意识生活的基本特征就在于意指对象意义。然而,在意向体验中现时地被意指的那个"对象"永远不会完全孤立地和封闭地、完全不确定地和未知地被经验到,而是作为某个处在联系之中的东西、作为某个在环境之中和出自环境的东西而被经验到。每一个现时的我思(cogito)都具有其视域(晕、背景、感知域)。这个视域在每个现时的个别经验中都以"隐含"的方式作为"空泛视域"一同被给予,并且可以从那个在现时体验中被给予的核心出发而得到揭示。如果对那些从属于各个体验本身的意识之潜能性进行自由权能的现时化,那么通过对视域的阐释,人们便可以获得对体验所处的所有联系的说明。人们获得新的经验，这些经验通过起点体验而在意向上得到在先的标示。"视域就是在先标示出的潜能性。"由于我通过阐释而获得的每一个新经验本身都重又具有开放的视域，因此所有成为经验的东西原则上都始终可以继续被经验和被规定。

所有经验都具有这样一个视域结构，因而与此相关，所有意识作为关于某物的意识也始终是视域意识。[1]

这个作为意指"对象"的"某物"，既可能是外在实体，也可能是纯粹理念（如数学概念）或虚幻事物，还可能是精神现象自身；既可能是一个或多个概念/语词、想法/语句，也可能是一个或多个画面、声音。由记忆"该物"的神经元集团及所关联的附近的神经元集团所组成的"生成域"，支撑着该次"现时的我思"的"视域"；生成域中各神经元集团经由神经纤维的网状结构，沉积着"我"的历史及社会经验，也潜藏着诸多"现时"投射之可能性。该次"现时的我思"之动态过程的结果，可能生成一个语句，该语句可能是一个认知。新的认知如果被认知者自己或者他人认可，且在随

---

[1] 倪梁康：《胡塞尔现象学概念通释（增补版）》，商务印书馆，2016年12月。

后的岁月里未被否定，就可能会被记住，加入"经验"中；即使后来被否定，也可能作为反面的经验被认可而加入"经验"。

然而，新的认知在"视域"或"生成域"中生成，且进而加入"经验"中，但并不能由此推论说，所有经验都具有"视域"或"生成域"的"结构"。因为"结构"通常被理解为网络中或多事物之间的、相对稳定的、清楚的关系，而"生成域"的临时性质不适合作为"结构"。能够满足作为人脑神经元网络之"结构"的要求的，或许只有人脑中全部神经元的既有神经纤维联结。虽然这些神经纤维多达数千亿且极其细密，可能需要科学家们很多很多年的持续努力才能弄清楚，但其存在及相对稳定性应该没有疑问，故应该可以作为"经验"的神经生物学根基。

再仔细看一下概念/语词"经验"在汉语中的意义。在古汉语中，"经验"似乎不是一个常用词，或者说不是中国传统思想体系里的核心概念。仅从字面看，"经验"有"经历""验证"的意思，实践色彩很浓，给人以可信的感觉。由于"真""实""信"等概念的联通性，哲学家们就将"实"具体化为"经由感官"。于是，经由感官得到的认知被哲学家划归给"经验"。

紧接着就有了问题：那些不是来自经由感官的认知还可信吗？基于此类认知的论证还可信吗？当然不能说

不可信。看各类数学体系。当最简单的算术被全人类熟知且每天都在使用时，仍然有数学天才要从"范畴论"（category theory）的视角将这些最简单的算术归并到更抽象的体系中。还有谁会去质疑这些新认知的可信度呢？这类虽然不是来自感官经验却已被普遍接受的认知，当然可以归入人类的"经验"中。

"经验"的本意之一"经历"是既有的、不问来源的。

综合猜想34及其论证过程可见，"经验"的涵盖范围应该可以超出感官经验，而被直接建基于神经生物学：

猜想 35 一个人的"经验"基于该人之脑神经系统中所有神经元的既有神经联结。简言之，经验基于关联。

其实"经验"不仅有认知的经验，还有动作的经验，例如，很多"下意识"动作都经训练而成，都可看作经验。但解释下意识又涉及更难解释的"意识"，还是留给下文解释，这里只留一个悬念——脑皮层对主体行为的控制也发生在某个"生成域"中吗？

与"经验"紧密相关的另一个概念是"记忆"。

"记忆"虽然在史学、社会学、政治哲学中十分重要，却似乎不是哲学家视野中的重要话题。"记忆最初是朴素的哲学对象，最终却没有成为真正的哲学对象，而是消散于心理学中。"[1] 在科学界，生物的记忆机理至今仍存有很多谜题；在技术界，"记忆"被称为"存储"，是信息技术的基石之一。本书仍然试图从哲学与神经生物学的结合部入手，对"记忆"做一点深入探究。

作为哲学概念，"记忆"有着特殊的地位，即主体地位。无论是认知主体还是行为主体，"记忆"与"具身性"都是保持主体同一性的必要条件。很难想象，人们有一天早晨醒来，突然发现自己丧失了记忆，忘记了此前发生的所有事情，眼前的所有事物都不认识，那还能相信自己就是自己吗？或许只能拍打一下自己的身体，确认"我就是我"。但如果连语句"我就是我"也不能在心里出现呢？或者连"拍打一下自己身体以确认自己存在"的"经验"都没有了呢？

换成哲学术语：记忆是"零阶自我"关联"他者"的必要条件。存在即关联，所以记忆也是主体确认自己存在的必要条件。

猜想 36 记忆是"零阶自我"关联"他者"的必要条件。

---

[1] 杨庆峰：《通过记忆哲学反思人类增强》，《中国社会科学报·科学与人文版》，2020 年 8 月 25 日。

由猜想 7 与猜想 36 生出的推论 7：记忆是主体确认自己存在的必要条件。

汉语语词"记忆"中，"记"与"忆"不是一个意思。"忆"的词典释义是"回想"，追溯性的回想是主体发起的主动行为。"记"就复杂很多。每个正常人都知道自己"记得"很多事情，但却很难分辨，被自己记得的事情中有哪一件是自己主动或刻意去"记"的，绝大多数事情都是自己无意中"记住"的。即使是自己刻意要去记某件事情，也是实施了某些行为，如默诵多遍来强化记忆，而不能像在纸上写字那样，将希望记住的事情直接"写"在心里。所以，"记"是人类行为的自然结果。此乃其一。

其二，被记忆的内容，大概只是在"忆"的回想中，才被明确地提取出来，如想起了已故亲人的音容笑貌。在绝大多数人类行为（不仅是思考类行为）之中，绝大部分起到作用的、被记住的"内容"，都是在其行为过程中自然而然地发挥作用的。凡是记得住的内容，不仅是文字图像等，包括行为模式、习惯、秉性等深层内容，都会自然融入行为过程中，大概人们只是在背诵、复述之类的行为中，才需要将记忆内容单独呈现出来。因此，如果说记忆及其内容就是生命体的组成部分，深度参与生命体的生活与演化进程，而不仅仅是一类特别的精神现象或心理现象,应该不会太过分。

继续推演:如果说,人类的此刻状态是此前状态的自然延续,记忆在其中发挥着自然而然的作用,那么是否可以将这种观点推广到没有意识的其他物体呢?宇宙间有太多的事物,其此刻状态就是此前状态的自然延续,那么是不是可以说它们"记忆"着自己的此前状态?或者更广义地去定义"记"而不包含"忆":"记"就是事物之此刻状态与此前状态之间的关联,或者说,"记"就是事物自身与其过去的关联?关于"记",笔者有如下猜想:

猜想 37 记忆及其内容是生命体的组成部分,深度参与生命体的生活与演化进程,而不仅仅是一类特别的精神现象或心理现象。广义的"记"可看作事物自身与其过去的关联。

在人类的神经系统中,迄今没有找到一个像计算机系统中的存储器那样的特殊的功能区专司"记忆"。古老脑区中的海马体与记忆显著相关,它的病损或萎缩直接弱化人的近期记忆。但海马体还有其他功能,且似乎不直接记忆新皮质脑区处理的大量信息,如声音、图像等。

人类的新皮质脑区,可按功能划分出若干区域,如前文所述专门处理语音输入信号的"韦尼克区"。每个区域中所涉及的信息都被记忆在本区域中。在这个意义上可以说是"分散记忆"。

有些功能区里有大量的小"记忆簇",可直接记忆某类特征信息,如视觉皮质区中某个被细分的蓝色,再如韦尼克区中某个语词的语音。但需要注意,被记忆的不是颜色的光波或语音的声波,而是光波或声波的某个或某些特征。信息类型被转换,或者说被"编码"。在转换信息类型以被记忆这一点上,与计算机系统中信息被编码再被调制到某个物理量以便存储的过程有些类似。反向过程也类似,当人类主体回想蓝色时,被记忆的蓝色特征所在的记忆簇会被投射,这时如果主体闭上眼睛,他"看"到的应该是一团似是而非、模模糊糊的影像,而不是确定无疑的"一片蓝光闪过"。但是在这种情况下,计算机系统一定能显示出准确的蓝光。

接下来,人类意识再上升到"意义"的层级,记忆的机制与计算机就不一样了。例如语词"蓝"的意义,那些仅在其字库中存储着"蓝"的计算机,不会明白"蓝"的意义;那些具备初步人工智能的计算机或计算机系统,能够显示出一串文字或语句,给出"蓝"的释义,释义的内容一定来自词典一类的知识库;而那些具备高级人工智能的计算机或计算机系统,在听到你询问"蓝"的意义时,可能会给你一个笑脸,然后直接显示出蓝颜色的图形，其背后一定有更复杂、多层级的知识库。至于能否肯定这个高级人工智能系统真的理解了"蓝"的意义，就是见仁见智的事情了。

而发生在人类脑区中的"意义"建立过程则相对简单，而且必须简单，因为孩子们的头脑中没有计算机知识库。例如语音"蓝"的意义，如本书第三章的描述，其意义的建立过程，就是韦尼克区记忆"蓝"的语音lán的记忆簇生出的神经纤维，与视觉皮层区记忆蓝颜色的记忆簇生出的神经纤维，被第二联合区的一个或一簇神经元联结在一起，将蓝颜色的意义赋予语音"蓝"。并且在经过多次巩固后形成语词"蓝"的神经元集团，并以那个最初与两边建立联络的那个神经元或神经元簇为其"根节点"。久而久之，当孩子们头脑中的第二联合区里积累了很多这样的"根节点"时，一个记忆语词意义的"知识库"就逐渐形成了。显然，众多语词意义的建立、使用、记忆均基于同样的神经生理机制，均处于同一套神经元集团的体系，且同时产生、同步变化，并没有类似"处理器""存储器"这样的区块划分。

在人类意识的"行为"层级，"记忆"的机制应该是综合的。例如，位于中央沟后部联合区中的"记忆组群"记忆着整句的语句，既有可能是类似"记忆簇"的结构，记忆着一段完整的语音串，如幼年背诵的课文；也有可能是类似"根节点"的结构，联结着语句中各语词位于第二联合区里的神经元集团。如果是"记忆簇"结构，一定是听到或读过的、源于外部的语句；而如果是"根节点"结构，则对该语句的记忆就是伴随语句的生成过程而一道形成的。

人类行为的其他类型（如动作）的记忆机制，会在本书随后章节中展开解释。但其共同特点应该可以被以下猜想概括：

猜想 38 人类对各类行为的记忆，都是该行为过程的伴生效果，且与构成该行为的基础表征序列基于同一组神经元集团的联结。简言之，记忆与行为伴生且同构。

由猜想 38 生出的推论 8：无行为，无记忆。

严格地说，该猜想中的"记忆"应该是"记"，不含"忆"。上述写法只是尊重汉语人群的用语习惯。

"忆"（recall，回想、回忆）其实是人类意识中的一种"行为"，而"记"则不是一种独立的行为，而是与其他行为一起的伴生效果。确实有些行为用于加强记忆，例如背诵，但那也不是"记"的行为，记住了背诵内容是背诵行为的效果。

然而，"忆"、回想，何以可能？主体或自我，是在哪里找到了希望找到的、此前被记住的内容？这里只说对语词或语句的回忆。在所有内容都被分散于各脑区而不是一个单独脑区,且所有内容都不含"地址"信息的情况下,用类似计算机寻址读取内容的思路,"忆"的实现没有可能。

似乎只有一种可能,那就是重复语词或语句的"生成"过程。"忆"被"自我"拉回到当初生成那个"关于什么"的语句的"生成域"。该生成域包含着与那个"关于什么"相关的诸多事物,而且很可能涉及一个内容丰富的场景。这就可以解释,人的怀旧往往是场景式的,场景中的诸多事物及其深度关联才可能使人浮想联翩。即使是"失忆",其过程也不是单向弱化的,而是时断时续、时有时无、时有反复。其典型特点就是突然忘记物品或人物的名字,但能清楚地想起与其相关的其他事物或特征,时间不长那个名字又突然出现了。此类特点,或许只有"回到生成域"才能解释。

然而回到的那个生成域毕竟是此时的生成域,与彼时的生成域不可能完全相同。这就能解释,为什么人经常有错误的记忆,为什么会将别人的想法变成自己的,为什么将自己想象的场景记为过去亲临的事实等,而且都很固执。[1]

---

[1] 可参阅:萨克斯,《意识的河流》,陈晓菲译,北京联合出版公司,2023年7月。

被记住的内容,无论是文字、场景、人物还是行为,无论是否有误,都是人生的经验,是广义的经验。

回到认识论的论域。如果概念"经验"的外延超出传统的感官经验,会给传统认识论带来哪些变化。

> 从最广泛的意义上讲,经验主义是一种态度:主张各种信念只有当其首先为现实的经验所证实后方可接受并作为行动的指南。从较专业的意义上讲,它由两个互相联系而又有区别的学说组成。其一为理念的意义必定与事物已有的经验和可能经验有关。另一学说认为哲学的认识论、信念,归根结底必定由经验来验证。它的主要对立面是唯理主义。[①]

注意,传统"经验主义"中的"经验"通常仅指感官经验。这就降低了经验主义者自己的论辩能力。因为任何论辩都是纯理性的逻辑推演过程,并不直接依赖感官经验。如果只信任感官经验,就会"取消了它自己是一门受到科学论证的理论的可能性"(胡塞尔语)。但是纯理性思考的能力何以可能?理性主义阵营里的多个派别都有自己的解释,几经演变,论争延续至今。

康德则试图调和笛卡尔等人的理性主义与洛克、休

---

① 《简明不列颠百科全书》第四卷"经验"词条。

谟等人的经验主义之间的对立,承认感性认知的基础作用,认为知性概念与理性认知源于人们对感性认知的整理与升华,而不是天生于人的内心。但这种以逻辑或数学驾驭感性经验与知性概念的能力或架构,这种康德所称的"纯粹理性",是天生于人之心灵的。康德将此类思维方式命名为"先验的"(trnszendental,prior)。笔者将其理解为,是在逻辑上而不仅是在时间上先于经验的意思,是"使经验认识得以可能"的逻辑前提。康德的调和获得了部分成功,后来有不少经验主义者都认可了形式概念是先验的。

同一个德语词还有"超越论的"译法,与其相近的德语词 transzendent 也有配套的译法"超越的"。这两个词在胡塞尔现象学中都有特殊的含义,而不仅是字面上的"超出经验"或"对实项内容的超越"的含义。笔者认为,还有对"非实项内容的超越""对非实项包容性"的超越,以及"超越世界""超越论自我"等。[1] 因为在被"自我"所构造的"关于什么"的"构境"中,无论是实项的感觉材料或行为,还是非实项的思辨理念,都可能在场景式的"视域性关联"中被赋予超越自身此前含义的新的意义。而且,这种"超越"可以被赋予神

---

[1] 可参阅:倪梁康,《胡塞尔现象学概念通释(增补版)》"超越的""超越论的"词条。

经生物学的解释：场景式的视域性关联就是前述之"生成域"，在生成域中被一次电化学信号投射所动态关联在一起的若干神经元集团，每一个都"表征"着一个语词、概念、"实项"内容或"非实项内容"。其表征可称为这些神经元集团自身的"基础表征"。而这些神经元集团被依次投射所形成的新的"意义"，即为各基础表征关联而成的"群体表征"。所以，新的意义对各实项或非实项原有意义的"超越"，其神经生物学的解释就是：群体表征对各基础表征的超越。

比较康德与胡塞尔对同一组德文词 transzendental、transzendent 的不同解释，有一个简单的比喻不知是否恰当：康德的"先验"是面向过去，强调"纯粹理性"的逻辑在先性；而胡塞尔的"超验"是面向未来，强调"生成域"中可能产生的新的思想或语词意义。若如此，胡塞尔或许已经在思考着语句之生成机理了，其思路已经越过了传统认识论对"认知"的解释，去试图解释"陈述"了。现在看来，陈述过程虽然看上去与认知过程是反方向的，但似乎只有在透彻地解释了陈述过程即语句生成过程之后，才能更透彻地解释认知过程即语句理解过程。在将陈述问题纳入认识论的论域之后，或许"认识论"要改名了。

对于上述"拓展的"经验定义，站在经验主义者的立场上，可以认为是在经验主义方向上的拓展；站在理性主义的立场上，也可以认为是理性主义方向上的拓展，因为该猜想揭示了一个可能性，即为康德之"纯粹理性"的"天生"性提供了来自神经科学的解释与支持，它们尤其可能来自前述"前额叶皮质主导的自顶向下的语句生成机理"。

其实仔细想想也没那么深奥。一些"纯粹理性"的能力，从小学生背诵的"乘法口诀"，到中学与大学理科学生不断加强的数学推演能力，再到围棋高手所熟知的各种"定式"等，都可看作前人积累、后人习得的"经验"。这些"经验"随着科学技术的快速发展而迅速增加，且随着教育覆盖面的不断拓展，随着全人类学习愿望的持续增长而广泛普及，给人类社会及文明进步带来了深远的影响。曾在20世纪80年代被誉为"高科技顶尖人才"的计算机软件工程师们，到了21世纪第一个10年已经自嘲"码农"，就是"经验"在不断更新的鲜活例证。

然而，"天才"依然稀缺。究其原因，或许在于他们那种看似不依赖"经验"而获取直觉的能力，或者以关联论解释，那种在一个"关于什么"的"生成域"中将位于相对中心位置的神经元集团与一个位于相对边缘的模糊地带的神经元集团建立关联的能力。

于是笔者又有一个不那么恰当的比喻：经验或与金钱类似，虽然不是万能的，但缺失却是万万不能的。

综上，继"存在""意义"之后，"经验"也被归入现象学的理路。

以上关于"意义""真"及"陈述、经验、记忆"的三章，作为笔者在认识论论域的探究，可以结束了。在此，笔者要特别致谢石里克前辈，因其《普通认识论》[1]带给笔者的启迪，亦因笔者在发现自己的想法与该书中主要论点暗合时所感受到的来自前辈的鼓励。这里没有必要换成"关联论"的思路重复这些论点了，谨以下段书摘作为本章的结尾：

> 事实上，意识的一个基本的活动就是把两个对象彼此相配列，使一个对象与另一个对象相关联，这是不可能归结为任何其他东西的意识的活动。这是只能被陈述的简单的终极的东西，是每一个认识论研究者最终必须坚持的一个极限、一个基础。[2]

---

[1] 石里克:《普通认识论》，李步楼译，商务印书馆，2007年。
[2] 石里克:《普通认识论》。

第六章 时间与空间

自有人类以来,时间与空间就是一个持久不衰的话题。不过近百年来,科学界对时间与空间给出的新解似乎多于出自哲学界的新解。下面笔者就不揣冒昧,根据科学界的假说,推理出关于时间与空间的关联论猜想。

科学界的假说1:宇宙起源的大爆炸假说。宇宙起源于大爆炸,大爆炸必定产生了被人类视为"物质"的事物之间的疏离。

科学界的假说2:时间与空间相关的假说,如"时空弯曲"。故时间与空间,同生且同在。

因此,如果认为"时间与空间"是独立于或"自在于"任何事物之外的特殊事物,则时间与空间生于事物之间的疏离。反之,如果不认为"时间与空间"是特殊事物,那么"时间与空间"就是事物之间的疏离。于是有猜想:

猜想39 时间与空间,起源于由宇宙大爆炸引发的事物之间的疏离,故:时空生于疏离。如果不认为时间与空间是一个特殊事物,则:时空即疏离。

进一步推论:事物间的疏离是其产生关联的必要条件,而时空即疏离,故时空是事物间产生关联的必要条件;存在即关联,故时空是存在的必要条件。因此,无时空,不存在。

由猜想7与猜想39生出的推论9:无时空,不存在。

与人们的直觉吻合。

由此再回到"无"。本书的猜想11"无,是可能却尚未建立的关联"之后留下了一个问题:不可能建立的关联,是不是"无"?

如果事物间的疏离是其产生关联的必要条件,则在没有疏离的时空里不可能有关联,而没有疏离的时空,大概仅存在于宇宙中的黑洞。但是不能说黑洞是"无"吧?所以,因没有疏离而不可能建立的关联,不是"无"。

任举两事物,当这两个事物被"举",即被关注时,在分别意指这两个事物的两个神经元集团之间已经建立了关联,无论这两事物之间的关联是否可能建立。因此可说:任举两事物,其间不可能建立的关联,不是"无"。

于是想起了先哲老子的名句："天下之物生于有，有生于无。"若将"有"理解为关联，将"无"理解为"可能却尚未建立的关联"，可算作对该名句的一种解读？

回到时间与空间。

人们对时间与空间的直觉是怎样获得的呢？空间感觉似乎很普遍，举目四望，满眼都是与自己有距离的物体，于是感觉到自己就在空间中。但是时间感觉呢？看时钟？时间感觉是不是内生的？鉴于时空关联，空间感觉也是内生的吗？看一下人的思维活动。

思维能够被称为"活动"，就在于它是一个动态过程，无论是自己内心的判断、推理，还是与外界的交流。其有如下特点：

- 与概念、理念、技能、习惯等精神现象在一段时间内相对稳定相比较，思维活动是动态的行为，有开始、有结束，有相对短暂的持续时间。
- 与概念、理念、技能、习惯等精神现象通常是被使用的被动特性相比较，思维活动则经常表现出主动性。在有意识的情况下，该主动性常常可以被描述为某种"意向"；而在无意识的情况下，如在睡梦里，该主动性似乎还能维持在梦境中"自我"的活动中；在身体的下意识反应或动作的过程中，"自我"虽非必要，却也能随时参与。
- 思维活动的神经生理学基础，是生物电化学信号在若干神经元集团之间经由神经纤维被顺序发送或被顺序接收的过程,亦可看作信息在某个特定的神经元网络里的传递。其信息传递的方向性可被肯定。

● 注意到"意向性"的英语语词意义:Intentionality, The directedness or aboutness of many, if not all, conscious states[①](意向性,指几乎全部意识状态之间的方向性或相关性),或可用"意向性"概括思维活动的动态性、持续性、主动性与方向性。

于是有如下猜想:

猜想 40 思维活动基于各神经元集团之间的先后被关联,其关联具有动态性、较短时间的持续性、主动性和方向性,或可统称为"意向性"。

思维活动的意向性,或者从关联论的角度看,思维活动中各神经元集团之间先后被关联的顺序性,可引出若干问题。假如与神经元集团 A 有神经纤维连接的其他神经元集团不止一个,如神经元集团 B 和神经元集团 C,那么为什么在某次思维活动中电化学信号传向了 B 而没有传向 C?或者即使同时传向了 B 和 C,为什么从 A 到

---

① 《牛津哲学词典》,上海外语教育出版社,2000 年 12 月。

B 的传输有效（或被选中）而从 A 到 C 的传输无效（或未被选中）？这里似乎应该有一个控制机制在起作用。接下来，传向 B 的电化学信号是不是需要继续传输，例如传向与其有神经纤维连接的另一个神经元集团 D？或者该思维活动停止？这里似乎也有一个控制机制在起作用。虽然揭示这些控制机制的秘密是神经生物学的工作，但从宏观上看，似可将思维活动看作一个事件序列，其中每一个事件是信息从某个神经元集团传递到另一个神经元集团，或者索性将事件序列看作关联序列。

从思维活动中各神经元集团先后被关联的顺序性抽象出的关联序列，既表现出一种空间意义上的疏离性，又表现出一种时间意义上的顺序性。

此处被关联的神经元集团的疏离，并不表现在各自在外部空间坐标系下的准确位置关系，它们或远或近、或高或低、或左或右分布均可（当然不能太远）。唯一有意义的是二者的空间疏离，或可称此类空间为思维活动的"内生空间"。

此处关联序列中的顺序，并不表现在外部时间坐标系下的准确时刻及间隔长短，或早或晚、或快或慢，这些都不重要，唯一重要的是两个关联的前后顺序，或可称此类时间为思维活动的"内生时间"。

举一个宏观的例子：在由语词组成的一段话语中，何时开始说不重要，语速的快慢不重要，重要的是区分出每个有意义的语词及其前后顺序。

于是有如下猜想：

猜想 41 在思维活动涉及的各神经元集团之间所形成的关联序列中，神经元集团之间的疏离体现为不同于外部空间的"内生空间"，序列中各关联的前后顺序体现为不同于外部时间的"内生时间"。该猜想或可拓展为人类意识的内生时空。

下面的书摘或可看作猜想 41 的例证。

> 在受试者"被要求思考如何执行运动任务"时，"正电子发射计算机断层扫描（PET）图像显示了受试者的左右额前区皮质的兴奋，同时还有左右听觉皮质的兴奋"。其中，额前区皮质负责"整合人格、思考、认识和视觉、空间觉等各方面"，第一听觉皮质"负责分析来自耳的信息"，听觉联络皮质负责"整合听觉信息与记忆、情绪和其他感觉"。[①]

听觉皮质区参与上述思考过程，令人有些意外。笔

---

① 整理自图册《人体》。

者猜测，听觉皮质向该思考过程提供步骤或节奏信息，即为表现思考结果的信息流提供区段标记，以生成"执行运动任务"中的每个动作指令。该猜测基于前文所述之猜测，"听觉信息流的处理，需要区段标记"。例如，区分语音信号流中的字或词；再如，辨别音乐信号流的节拍。语音信号中的每个字或词被分拆，形成一个关联序列；音乐信号流中的信号按节拍触动着人的情感，也形成了一个关联序列。这体现了区段标记在神经系统处理输入信号时的作用。而上述思考过程，所形成的动作步骤作为神经系统的输出信号，也是一个关联序列，也有区段标记在起作用。因此，神经系统中的动态过程，无论是对输入信号的处理，还是思维活动，又或者是对信号输出的组织，都有区段标记在起作用，都在形成相应的关联序列。这种区段标记的生成不依赖外部环境中的时间，体现出人类意识产生"内生时间"的能力。

基于人类各种约定及物理精准标定所定义的"时间"，是人类生活的共同参照系，其广泛而坚实的基本作用不容置疑。这种时间可被称为"外部时间"，以区别于人类意识中的"内生时间"。内生时间，作用于诸如输入信息处理、思维过程、动作指令等各类行为中，当然可能或可以被置于外部时间的参照系中测量、描述，而且可能关联着外部时间，例如"早上六点起床"。但一般而言，关联序列的生成过程、该序列中各关联先后顺序的确立,是不依赖于外部时间的。在这个意义上,外部时间反而可以被看作人类意识的内生时间被置于某个参照系中的规范描述。

于是有如下猜想:

猜想 42 人类意识的内生时间是人脑神经元关联序列中各关联之间顺序性的体现。外部时间可被看作人类内生时间在某个参照系中的规范描述。

再看猜想 41 所述的内生空间。内生空间的唯一依据,就是各被关联的神经元或神经元集团之间的疏离。这里用"疏离"而不用"距离",是因为"距离"太容易被理解为外部三维空间坐标系里两点之间的物理距离。虽然两个神经元集团如果被放置在三维空间的某个坐标系中确实存在着物理距离,而且某些思维活动确实会涉及外部空间,如"向南走一公里",但一般而言,尚无证据表明人类意识依赖于某个外部空间坐标系。而且,正是基于神经元集团之间的疏离,才会有各神经元集团之表征的疏离,而且是在不同层级中的表征疏离,从而有可能构造各类高级的意义空间,如数学空间。在这个意义上,外部空间反而可以被视为人类意识的内生空间被置于某个参照系中的规范描述。

于是有如下猜想:

猜想 43 人类意识的内生空间是人脑各神经元之间或各神经元集团之间的疏离的体现。外部空间可被看作人类内生空间在某个参照系中的规范描述。

如果人类不在了，那么时空还在吗？

那时，如果宇宙仍然大致是现在的样子，事物间的疏离仍在，时空就在。如果宇宙变得连事物间的疏离都没有了，应该可以说宇宙重归"大爆炸"前的沉寂了，时空也会随之消失吧。

第七章　意

如果说尼采以"力量意志"取代上帝，将其注入"被信仰者"中，那么叔本华则将"意志"置于所有"表象"之后，将其升华为世界的主宰。姑且不去评论"意志"如何在实体世界的诸多表象之后主宰实体世界，那个聚焦于自我表象之后的"意志"，似可大致理解为本书的"零阶自我"。两位哲学先师似乎都乐意对"意志"采用存在论或本体论的定位，感觉过于大而化之了。我们还是先看一下基本词意。

"意志"的英文词 volition，在韦氏词典的 volition 词条下有一段附加的解释，大意是说：volition 来自拉丁语 velle，意为 will 或 wish（意愿），但其主要含义已从 17 世纪的 an act of choosing（选择的行为）转变为 the power to choose（选择的力量）。

这里的 power（力量）有一种"决断"的味道，一种非理性的味道。而且，这股力量从何而来？似乎只能来自"自我"。

再看"意志"的汉语词意。《现代汉语词典》给出的解释是:"决定达到某种目的的心理状态,往往由语言和行动表现出来。"① 但组成"意志"的两个汉字"意"与"志"的意思并不完全相同。汉字"意"的构成,上"音"下"心":意者,心(mind)之音也。心之音而不是心之声,它"更含蓄、更细腻、更委婉",发自内心深处,可能有指向(intention)却未必很明确;而比较明确的心意,应该是"愿",即心愿、愿望(will, desire)。更明确的心意、心愿,就是"志"了,志愿、志向(will)。"志"还有标志(sign)、记录(record)的意思,与"意"放在一起,就是很明确的意愿与意向了,且往往付诸语言和行动。近些年来,"意志"更多地被作为政治意识形态的用语,足以彰显其明确性与实践性。故而,"意"更原初,发自更深层的内心,指向更多的可能性却不甚明确;"志"则来自"意",经过更多的思考,可能涉及诸如道德与价值等因素,有更少却明确且专注的指向。于是,纯哲学的思考似乎应围绕"意"展开,而将"意志"移至道德哲学、政治哲学乃至社会学的思考中。

在神经生物学的视域中,如果说理性思维更多地由前额叶皮层主导,各类情感多发起于古老脑区,那么,

---

① 《现代汉语词典(修订本)》,商务印书馆。

原初的"意"如果有别于理性思维和各类情感，它是怎样"生成"的？其表征是动态过程还是静态状态？如果是动态过程又发自哪里？终于何处？引发了什么？等等。仍有太多的未知。似乎只能先做出少量哲学猜想，再尝试做神经生物学解释，然后做若干推演，最后看看这些猜想能否被暂时接受。

猜想 44 "意"是人或高级生物的动态心理过程。"意"始于"零阶自我"对一个"他者"的一次指向，即"零阶自我"与该"他者"的一次关联。"零阶自我"由此成为与该"他者"关联的"一阶自我"。"一阶自我"可能发起与该"他者"相关的一次或多次理性思考，并可能形成逐步清晰的想法，或发起行为（含语言）的欲望，进而形成更明确的"意志"。该过程可能随时被"一阶自我"终止，想法可能被记忆，行为可能发生或不发生，此次"意"的动态过程随即终止，该"一阶自我"回归"零阶自我"。

如果将该猜想中的"他者"加入现象学的"关于什么"之中，变成"该他者的关于什么"，就会形成围绕这个"该他者的关于什么"的神经元集团的"生成域"。随即发生起始于"自我"的、向前额叶皮层的第一次信号投射，然后才开始由前额叶皮层主导的、在该"生成域"的各神经元集团之间的依次投射,生成一个语词"意义"串,形成第一个"想法"。

但是如果"自我"位于古老脑区,与前额叶相对距离比较"遥远",二者之间有没有直接的长神经联结呢? 2022年的一篇关于杏仁核的综述文章给出了肯定的实验结论:"中央杏仁核与广泛的前额和前额皮质区域之间存在显著的功能连接。"[1] 而且,杏仁核的多个亚核都与同处古老脑区的海马体有密切联结。海马体被认为是一个以"工作记忆"为主要功能的脑区,短期地记忆着被临时用到的信息。故可猜测:那个"该他者的关于什么"的信息被存放在海马体。

上述"第一次信号投射",或可作为"意"的神经生物学解释。

可见,发自"自我"的"意"在先,虽有指向却尚未成型,故它似乎无涉善恶、无涉价值,更本真、更原初;而由前额叶主导的理性思维在后,且可能经由指代"他者"的神经元集团,生成与"他者"有关的想法,故它可能已涉善恶、已涉价值。如果以"心"代指"零

---

[1] Istvan Molna-Szakacs, Lucina Q. Uddin: Anterior insula as a gatekeeper of executive control, *Neuroscience and Biobehavioral Reviews*, 139, (2022) 104736, 中文译文:《超高场成像对杏仁核的研究》,译者:杨晓飞。

阶自我",则有推论:

由猜想44生出推论10:心无善恶,意无善恶;心无价,意无价。

"意",可以快速切换。例如,人在行走时心里想着一个事情,由一个"他者之关于什么"的意发起。但突然看见路上有个小障碍物,此时"自我"迅速与那个障碍物关联,"意"被切换到障碍物,前额叶首先指挥眼睛获取画面,判断可以抬右腿迈过障碍物,"意"又被切换到右腿,于是抬起右腿迈过障碍物。"自我"又从海马区拾取那个被临时搁置的"关于他者的什么","意"指使前额叶继续想事,并不影响继续走路。

再如,某人坐在电脑前感觉口渴了,自我发起的关于"渴"的"意"使前额叶判断此时应喝水,"意"转向"水",前额叶继续判断"水杯","意"转向"水杯",前额叶接收到水杯就在右前方的画面,指挥手做出拿起水杯的动作,"意"转向杯子里的"水",前额叶指挥手做出拿起水杯喝水的动作。整个过程,"意"经历了至少四次切换。所谓切换,就是"关于什么"的切换,或者说"意"之指向的切换。

但是,不同指向的"意",不能并行发生。所谓"一心二用",应该只是第一个"意"发起的行为过程被第二个"意"短暂打断,又立即回到第一个"意"的"断点",而不是两个"意"并存。①

猜想 45 不同指向的"意",可以快速切换,但不能并行发生。

有了以上铺垫,我们现在可以分类描述由"意"引导的各类行为过程了:思考、动作、交互。本章主要是对这些过程的神经生物学描述,辅以必要的哲学解释。而将对下意识行为与梦的描述放到下文中有关"意识"的章节。

先看思考。初始条件:主体处于清醒状态,没有动作,不与外界交互,从那个"关于他者的什么"的神经元集团(以下记为 A_0)进入。

前额叶皮层要所做的事情并不复杂:根据神经元集团的既有联结,A_0 向某个相对容易发送电化学递质的神经元集团(A_1)发送电化学信号(以下简称"投射"),然后继续从 A_1 向另一个神经元集团(A_2)投射,等等。这里,每一个 A_i($i=0$,1,2,……)都具有自身的基础表征,其表征类型可能相同。而 A_i 序列(A_0、A_1、

---

① 可参考:克里克,《惊人的假说》中关于"注意力"的阐述:"注意力大体上是串行的,而非高度并行的。"汪九云等译,湖南科技出版社,2017年再版。

A_2……)的群体表征则"生成"了新的"意义"。基础表征与群体表征可展现出多种组合：

1. 当各A_i的基础表征均为语词，则可能：

（1）各语词"构成"一个语句，而语词序列"生成"的群体表征，就是该语句的意义。

（2）各语词以其相同的类型"构成"一个序列，如人名序列，而语词序列"生成"的群体表征，既可能是相对高阶的表征，如：各语词所指代事物的顺位、数量、相同或相异；也可能是被归并在一起的、更高层级的"一个整体"，如各民族被归并为一个国家。

（3）应该还有这里没考虑到的其他可能。

2. 当各A_i的基础表征均为语句，则可能：

（1）各语句"构成"一个某种结构的复合句，而语句序列"生成"的群体表征，就是各语句间可能的语法关系及该复合语句的意义。

（2）各语句"构成"一个具有某种逻辑关系的语句组（如三段式），而语句序列"生成"的群体表征，就是各语句间的逻辑关系。

（3）各语句"构成"一个因果关系的序列，而语句序列"生成"的群体表征，就是各语句及其所描述事物之间可能的因果关系。

（4）各语句"构成"一个相互比较的对照组，而语句序列"生成"的群体表征，就是被发现的各语句及其所描述事物之间的、值得关注的特征，如相同点、相异点，等等。

（5）各语句就是一个此前出现过的"段落"，而语句序列"生成"的群体表征，可能是再现主体此前读这个段落时的快乐或忧伤之类的情感，也可能是重新寻找值得关注的特征，还有可能只是简单的加强记忆。

（6）应该还有这里没考虑到的其他可能。

3. 当各 A_i 的基础表征是某个实时的或记忆中的画面或场景可能含声音。则：各 A_i 的顺序联结就"构成"一个时段内的动态场景，而 A_i 序列"生成"的群体表征，则可能是提取某个或某些被关注的特征，如相同点、相异点、角色行为的变化等，且可能继而激发警示或情感等。

4. 当各 A_i 的基础表征是某个实时的或记忆中的较短时段的声音。则：各 A_i 的顺序联结就"构成"一个更长时段内的连续声音，如更长的乐句，而 A_i 序列"生成"的群体表征，则可能是这段连续声音的意义，如汽车鸣笛的警示，等等。

5. 当各 A_i 的基础表征是某个实时的或记忆中的味觉或嗅觉。则：各 A_i 的顺序联结就可能"构成"一个较长时段内味觉或嗅觉的变化，或味觉与嗅觉的混合，而 A_i 序列"生成"的群体表征，则既可能是某种食物或花卉等，也可能是某个人或物品，等等。

6. 当各 A_i 的基础表征是某个实时的或记忆中的触觉。则：各 A_i 的顺序联结就"构成"一个较长时段内触觉的变化或一个较大范围的触觉分布，而 A_i 序列"生成"的群体表征，则可能是某个人或物品等。

7. 当各 A_i 的基础表征是广义生活空间中的某个实时的或记忆中的地点图像或名称。则可能：

（1）各地点的顺序联结可"构成"一个移动路线，既可能发生过也可能未发生过；而地点序列"生成"的群体表征，则可能是对下次移动路线的计划。

（2）各地点的平面展开可"构成"一个相互位置关系，如地图，既可能是真实的也可能是虚拟的；而地点序列"生成"的群体表征，则既可能是某个或某些被关注的特征，也可能是在某坐标系中的方位判定，等等。

（3）应该还有这里没考虑到的其他可能。

8. 当各 A_i 的基础表征是理论空间中的元素，则各 A_i 的顺序联结就"构成"一个有序或无序的元素序列。而元素序列"生成"的群体表征则可能是该空间的某种理论特性，等等。

9. 当各 A_i 的基础表征是特定个人或特定人群的或实时的或记忆中的某个行为，则各 A_i 的顺序联结就"构成"一个行为序列；而行为序列"生成"的群体表征，则既可能是某个或某些被关注的特征，也可能是一个行动计划，等等。

10. 当各 A_i 的基础表征是虚构的场景及角色，则各 A_i 的顺序联结就"构成"一个虚拟故事情节、一个虚拟画面、一个预想、对实际事件的一个前瞻等；而其群体表征，既可能是有现实目标的工作延伸，如艺术创作的新片段、计划的虚拟推演等，也可能是一个预期或预测，且继而强化或弱化了某种情绪，如希望与失望。

11. 当各 A_i 的基础表征是多种类型的混合时，会产生更多不同的结果。这里就不展开了。

前额叶皮层所做的第一轮投射之"构成"及"生成"的结果，如何反馈给"自我"，笔者没想清楚，但似乎有部分信息被记在海马体中，或者说第一轮投射以某种方式被复制到海马体从而被海马体记住。"自我"是不是参与到或如何参与到对第一轮投射结果的评判，笔者也没想清楚。此处的"评判"应该不是又一次的思考，而是一种"一锤定音"式的决断。尽管笔者没想清楚，但倾向于猜测，"自我"根据这些结果发出第二个"关于什么"的指向，且假设第二个指向与第一个指向密切相关，故第二个"生成域"应该与第一个"生成域"差别不大。于是前额叶皮质继续发起第二轮投射。

例如，第一轮投射给出了各语句所描述事物之间的因果可能，第二轮投射给出因果结论，生成一个语句。再如，第一轮投射给出了各语句所描述事物之间的对照，第二轮投射给出对某个语句之"真"的结论，生成一个语句。又如,第一轮投射给出一个行走路线计划,第二轮投射按计划虚拟行走,检查有没有疑问点。或者,第一轮投射生成一个诗句,第二轮投射希望得到第二句,等等。

依此类推,在经过多轮投射以后,可能得到一个相对复杂的结果。如:一个具有多个从句的复杂语句,一个行动计划,一个经过多轮推理的演绎结果,一个基于多轮比较与抽象的新想法,一次长时段的往事追忆,一首新诗或新曲的雏形,等等。

笔者之所以将由前额叶皮层主导的思考过程设想为多个较短的轮次而不是一个较长的轮次,仅仅因为一次"投射"的电化学过程只能维持很短时间。在这样一个很强的生理—物理条件的约束下,再加上不能有多个"指向"并发投射的强限制,或可将人类意识中"思考"类行为的"模式"设想如下:

猜想 46 人类意识中的思考类行为,是一个由"自我"发起、前额叶皮层主导的多轮电化学信号的"投射"过程。其中每轮投射均发生在该轮的"意"之指向的"生成域"中。依次被投射的神经元集团的基础表征构成一个表征序列,且生成一个或多个群体表征。多轮投射的中间结果或最终结果,可能表现出某种比基础表征更高级的特性。思考行为被"自我"终止。但"自我"是否及如何得到各轮投射的结果，以及"自我"是否及如何参与各轮投射的评判，仍有待探索。

本书的猜想10可并入猜想46。

人们经常把思考的内容归结为5W + 1H：What（何物）、Where（何地）、Who（何人）、When（何时）、Why（何因）、How（何以）。仔细想来，这5W + 1H都可以是"生成域"中被依次投射的诸神经元集团所生成的群体表征。进而，或许能将本书猜想18"意义生于关联"表述为：

猜想18的另一种表述：意义是某个"生成域"中被依次投射的诸神经元集团所生成的群体表征。

接下来看看由"意"发起的动作类行为。初始条件：主体处于清醒状态，不显含思考，没有交互。

关于人类脑皮层对身体动作的感知及控制，已经有了大量成熟的研究。清醒状态下的一个身体动作，由前额叶皮层主导，向指挥各类动作的额叶运动皮层区[①]发

[①] 额叶运动皮层区，主要分布于脑额叶的中央前回、额中回及部分额上回。其中又可细分为若干小区，各小区分别控制与其对应的人体某个肌肉群的动作。以下简称运动皮层。

送信号，运动皮层中的相应部位向被其控制的肌肉群发出控制动作序列信号，经由基底核发送至小脑，小脑进一步细化后向相关各肌肉发出动作序列信号，由脊髓中的运动神经传送给各肌肉群，而肌肉群中感觉肌肉运动的信号则由感觉神经反馈给小脑，并传回同处运动皮层区中的感觉皮层，再由额叶或小脑做出必要的微调节。其信息传递通路如插页图3所示。

让我们回看前述的那个走路想事情时迈过前方障碍物的例子。其间至少有两组动作。

第一组动作关于那个障碍物，前额叶向运动皮层中控制眼睛动作的区域发出"看"的指令，运动皮层发出至少两个指令序列：一个控制头部运动，转向那个障碍物；另一个控制眼球转动，聚焦在那个障碍物及周边，小脑确保执行准确。

眼睛看到的障碍物及其周边的画面传回前额叶，前额叶做出可以抬腿迈过去的判断。注意，前额叶能够做出该判断，一定是此前有过类似经历从而作为经验被记住。然后前额叶向运动皮层中控制抬右腿的区域发出抬腿迈过障碍物的指令。此时"自我"的注意转向右腿，前额叶中断其他"工作"准备接收反馈信息。

运动皮层至少发出四个指令序列。控制右腿的区域发出的指令序列可能是：大腿抬起，小腿伸直；控制左腿的区域发出的指令序列可能是：向后蹬地，送身体向前；控制身体平衡的区域发出的指令序列可能是：收紧核心肌群，身体略微前倾；控制眼睛的区域发出的指令序列可能是：继续观察障碍物及其与自己身体的相对位置，等等。这些指令序列依次经由基底核传至小脑，再由小脑监控各相关肌群的执行过程。其间，前额叶会根据视觉画面做出宏观调整决定，如右腿再抬高一点，等等。整个过程应该发生在1秒以内。运动皮层各功能区能够发出这些指令序列，小脑能够发出对各肌肉群的精准指令，一定是此前有过类似经历从而作为经验被记住。

当前额叶认定右腿已经跨过障碍物顶点时，会及时向运动皮层发出右腿落地、左腿后抬等指令，随后结束跨越障碍物动作，继续前行。其过程不再赘述。"自我"则从海马区找到此前想事情的"断点"，继续想事情。

说话的过程会复杂很多，既要控制面部、咽部、舌、肺部、横膈肌等肌肉群，还要逐一送出语句的字词，还要以声调表达某种情绪，还要通过听觉系统监控其过程。这里略去肌肉控制过程，只看内容发送过程。

前额叶首先要生成该语句，这是前一个思考行为的结果，再将该语句的字或词按顺序发送到位于运动皮层侧面的布洛卡区，布洛卡区将每个字词的读音信号发送给毗邻的运动皮层中控制发音的区域，再由该区域发出向各肌群的指令序列。说出的声音经过听觉皮层反馈到韦尼克区，经由专用神经束反馈给布洛卡区。但是处于古老脑区的"自我"如何能使某种情绪实时影响布洛卡区生成的语音声调,尚待探究。

布洛卡区之所以能够发出准确的读音信号,一定是此前训练的结果,而该训练过程一定是将韦尼克区听到的即时读音与韦尼克区记住的标准读音之间进行反复比对的过程。在孩子们学习说话的数年时间里,布洛卡区与韦尼克区,以及它们之间的专用神经纤维束(弓形束),被训练得十分强大,同时被记住的语音"模式"也十分牢固,从而使得"乡音"可以影响孩子的一生。插页图4是上述两脑区及弓形束的示意图。

无论何种动作,从不会到掌握到熟练,都是一个训练过程,而且这个过程可能很漫长。每一次训练,无论主体是不是"意识"到自己是在有目的地训练某种能力,都是一个被多层脑区联合控制的过程。例如,练习用毛笔写汉字,同一个字写了多次,其中每一个字的写字过程均对应着控制右手相关各肌肉群的一个指令序列,记为 S_i,i 为序数。写字的主体对其中某个字比较满意,回忆起当时写那个字时对右手的控制特点,所对应的指令序列为 S_b,于是再写一次,果然满意,再写多次,使得指令序列 S_b 被记住。写字主体当然不会知道 S_b,其自我感觉只是该字的"写法"被记住,其实是 S_b 被运动皮层控制右手的区块记住,同时被小脑监控右手肌肉的区块记住。再写多了,运动皮层已经"习惯"了该字的写法，也就不再需要前额叶的注意。主体写字时可能还在做其他事情如与他人说话，而运动皮层和小脑就"自动"完成了该字的书写，而且效果不会有很大变化。

可以看出，由"意"发起的动作类行为，有如下特点：

1. 自顶向下的指令发送层级很清楚：前额叶皮层→运动皮层→基底核→小脑→运动神经→肌肉群。自下而上的信息反馈通路与人体各类感官逐级向上发送外部信号及身体内部信号的通路相同。

2. 指令逐级细化：前额叶皮层在那个"关于什么"的生成域中生成顶级动作指令序列，运动皮层将其中的每个指令分解为各部位肌群的中级动作指令序列，小脑再将其中的每一个指令分解为针对每块肌肉的低级动作指令序列。各级指令序列都是"串"模式，但中级指令序列及低级指令序列均可能有并行，即对运动皮层来说是同时向多个肌群发出动作指令序列，对小脑来说是同时向多块肌肉发出动作指令序列。

3. 各类指令序列中各指令之间的时间间隔，应该依据脑内的"节拍发生器"而生成。其节拍发生频率应该是级别越低，频率越高。笔者猜测，需要最高频率的小脑中应该有内置的独立"内核"产生节拍。

4. 所有指令序列都是经过由前额叶皮层主导的反复训练，在运动皮层和小脑逐渐"习惯"后被记住的。或许只有很少的主动动作是初生婴儿天生就会的，如啼哭、吸吮、睁闭眼睛等。

或可将这些特点归纳如下：

猜想 47 人类意识中的动作类行为，是一个由"自我"发起、前额叶皮层主导的三个层级的电化学信号的"投射"过程，自顶向下的顺序是：前额叶皮层、运动皮层、小脑。每个层级都向下一个层级发送指令序列，最后并行发送至相关肌肉。所有指令序列都是在前额叶皮层主导下的多次训练后，分别在运动皮层及小脑被记住的。"自我"对训练结果的感觉是掌握了某个动作。发声时对外发送的内容，是前额叶皮层在此前的思考过程中形成的，其中语句的字或词经由布洛卡区改变了信息类型。

接下来看"意"发起的交互类行为。初始条件：主体处于清醒状态，含有思考与动作。

交互，首先是人际交互，然后有人机交互、人与动物交互、人与自然界交互、人与社会机构交互，等等。其中有复合交互，如：用手机与他人通话、开汽车，等等。约定：自我是交互主体；实时交互；包括想象中的交互；将与自我相对的交互对象均称为"他者"。

自我在与他者的交互过程中，如果本书猜想45成立,"意"不能并行发生,则"意"的切换是串行的。但由某次"意"发起的行为如果是动作类行为,且该行为不必由前额叶皮层实时监控,则该行为可被认为与前额叶暂时无关,即可与"意"的切换并行发生。其宏观表现是,例如,某人去厨房喝水,水是"意"的第一个指向,厨房是"意"的第二个指向且发起了走路去厨房的动作,此时他可能想着是喝热水还是喝冷水,于是水温成为"意"的第三个指向,且与走路的行为并行发生。"意"的这三次切换,都是在"自我"与水之间的一次交互过程中发生的。但是这三次切换,都没有发生在最初那个关于喝水的"生成域"之外。其后还可能有多次"意"的指向切换,但直至此人喝到水或发现喝不到水为止,这个关于喝水的"生成域"可能并没有改变。因此可以有如下略带约定性质的猜想:

猜想 48 人类意识中的交互类行为,发生在作为主体的"自我"与"他者"之间。在一次交互类行为最初的"生成域"保持不变的过程中,"意"的指向可能发生串行切换,且可能并行发生主体的动作类行为与思考类行为,直至"生成域"被"自我"切换。

一个较大的交互类行为中可能含有多个较小的思考类、动作类行为,故可以围绕生成域的不同类型分析交互类行为。

自我在交互类行为中为不同他者构建的"生成域"应该是不同的。

1."他者"是个人。此时,自我与他者的关系使得自我具有了某种"身份",从"零阶自我"变成"一阶自我",自我指向该他者或与该他者相关的某事物,构成了此次交互类行为的"生成域"。

(1)简单情形,例如长者见到许久未见的孙辈,抱抱孙辈的愿望与行为即产生于包含着孙辈的"生成域"中。

(2)在很多情形中,自我与他者的交互缘起于某种事由。例如,在购物中自我所构建的"生成域"中,就包含了卖者,购物环境,欲购物品的价格、规格、质量等属性,其间可能发生对话、付款、交货或取货等多种行为。

(3)对话情形往往更复杂。在自我构建的"生成域"中,有与之对话的他者、双方对话的"话题",以及隐含的与该话题相关的人与事。同样,他者也会构建自己的"生成域",其中也会有相同的话题。然而,二者的"生成域"是有差异的,如身份不同、广义经验不同、当时的情绪不同、对相同话题的态度不同,等等。这就很容易形成这样的局面,说者所说语句的意义,也就是说者之"生成域"内该次动态投射所生成语句的字面意义及隐含意义，与听者听到该语句后在其"生成域"内形成的投射所产生的字面意义与隐含意义，会或多或少地存在不同。不要小看这个"不同"。这里暂且不说"不同"可能给对话者造成的负面情绪或影响，只看正面影响。"不同"会给对话者带来新的信息，带来新鲜感，同一话题的会话才可能因此而持续。"不同"可能产生"碰撞"而生成新想法、新视角、新思路，等等。"不同"还可能强化对话者不可或缺的"存在感"。对话过程中，很可能由于其间涉及的另一事物被双方关注，故转换话题并导致切换"生成域"。两人继续聊，但理论上的本次行为结束，转入下一次行为。

2. 他者是某种人造工具或设备，能被作为主体的"自我"使用且有一定的功效。此类交互大都是复合交互：自我与设备之间交互时，设备是他者；但自我又与设备一道组成被延伸的"自我"，与该设备的行为对象交互，此时该对象是他者。例如某人用水杯喝水，拿杯子时杯子是他者，喝水时杯子是延伸的自我，水是他者。再如开汽车，驾驶者注意车内状态（如仪表盘）时，汽车是他者；当驾驶员抬头看路时，他又与汽车一道成为自我，道路及环境是他者。对自我来说，虽然此类行为可以分拆成两个顺序动作，如先拿杯子后喝水，但其"生成域"却是既包含了杯子又包含了水，难以分拆，只是关注点不同。开汽车也类似，当驾驶员抬头看路时心里也不会没有方向盘及油门。更复杂的打电话行为，自我的注意力几乎完全在对话上，但毕竟手里还拿着手机，需要保持手机的正确位置。因此，此类行为仍然被看作自我及所用设备一道与行为对象之间的交互。自我的"生成域"中除了行为对象及其相关事物之外，多了被使用设备及其相关事物。这种将设备视为"自我"之延伸的视角，有了一些存在论的味道。海德格尔的《存在与时间》用了不少篇幅描述"此在"与"上手"的工具的"共在"。近年来，斯蒂格勒提出的"广义器官学"（general organnology）则进一步将技术视为人类的器官（organ），拓展了亚里士多德的"工具论"（Organon），被孟强认定为"替补存在论"。[1]

3. 他者是社会机构或组织。作为主体的"自我"与一个社会机构或组织的关系，至少有两种类型：其一，自我 A 是社会机构的成员，代表着该机构 B 与行为对象 C 交往，且 C 认为自己是在与 A 交往，例如 A 与 C 在进行体育比赛且 A 代表 B。这种情形下的 A 可能将 B 看作自己能力的延伸与支撑；其二，A 与 B 的关系同上，但 C 认为自己是在与 B 交往，例如 C 在 B 的商场购物，在结算台与 A 结算。这种情况下的 A 可能将自己看成 B

---

[1] 可参阅：孟强，《技术的器官学之思》，《哲学动态》2023年第 8 期。

的组成部分。无论何种情形，在 A 为某事项构造的生成域中，都会显含或隐含 B，在 A 与 C 的交往中都会有 B 的影子，故生成域会因此而大不相同。

4. 其他。例如，他者是有生命的动物或植物，身为人类的自我会与其产生相对直接的情感沟通，它在"生成域"中或许有比较特殊的地位。再如，他者是自然界，当作为主体的自我面对自然界时，可能会有身融其中的感觉，而不仅是观赏风景，从而会有不同的"生成域"。又如，他者是人类生存的必需之物，如空气、水、食物、阳光等，它们在"生成域"中的重要性，显然与自我的身体当时对其需求的迫切程度有关。

应该还能列举出更多的交互类行为及其生成域的类型。

在分类描述了由"意"发起的思考类、动作类及交互类行为之后，再看含有"意"的汉语语词"意义""注意""意志""意向""同意"等，这些语词对应的英语单词不同，分别为 meaning、attention、volition、intention、agree，却在"意"字上相通，相通于带有指向意义的"关联"。可见，在哲学论域里，与"意"相对应的英语语词，还应该是 intentionality，它"毫无疑义地构成了胡塞尔现象学的中心概念"。[1] 因此，关联论中

---

[1] 倪梁康:《胡塞尔现象学概念通释（增补版）》。

的"意"不能被"意向"取代,前者是发乎于心的飘逸的指向,逻辑上与时间上均在前,而后者是随后形成的具象意愿或意志,逻辑上与时间上均在后,变成了行动之前的"主意"(intent)。

接下来的问题就是,"意"怎样发乎于心?即"零阶自我"缘何发起与那个"关于他者的什么"的关联?

似乎只能继续猜想:

猜想 49 "意"既可能缘于身体感官对外界刺激的反应,也可能缘于某次理性思考、情感过程、某些回忆。

以下按身体感官、理性思考、情感及回忆的顺序,可分别做如下解释:

1. 身体感官接收的来自外界的图像信息、文字信息、语音信息等,均经由理性思考的整理才能理解其多重意义;身体感官接收的自己身体的生理信息,或由"自主神经系统"[①]自动处理,或经由理性思考的整理(如判断"下雨了"),或激发出某种情绪(如"饿得心

---

① 自主神经系统是神经系统的三个主要部分之一,与中枢神经系统、周围神经系统分享某些神经结构,大体上是"自主的",产生即刻和长期的不随意反应,控制许多器官内的不随意平滑肌、心肌和某些纤体。可参阅《人体》图册。

慌");身体感官接收到的艺术类信息(如音乐),"直击心田",亦即直接引发情感;身体感官接收到的安全类或竞争类信息以及性信息,也会直接引发情感。总之,身体感官接收到的外界刺激及外界信息,均会引发理性思考、情感,应该不会越过理性思考及情感直接生成某种"意"。

2. 理性思考的结果,无论是处理外界信息的结果,还是某次思考的结果,都是一个或多个想法。想法可能清楚,也可能不很清楚。清楚的想法,根据本书认识论部分的叙述,总是等价于一个或多个陈述句,总要提交给非理性"判官"以求得认可或不认可;不清楚的想法,或者存疑,或者放弃,或者留下某些记忆。其中存疑之"疑"是一种情绪,放弃可能引起不安或反觉轻松,也是某种情绪。记忆可被视为将想法退回给理性系统。被"判官"认可的陈述句,可能直接引发某种情绪,如"掩卷而泣""太可恨了""真好""惜哉痛哉"等,也可能将该陈述句作为理念留给记忆。未被"判官"认可的陈述句与上述不清楚的想法的结局应该类似:存疑、放弃、记忆,都不会引发"意"的生成。根据本书前述诸猜想,"判官"介于理性与非理性之间,留下了不少待解之谜,但其中至少有一种可能:仅仅求得一时之"安"。而"安"也是诸多情绪之一。这样,在有可能生成"意"的理性思考的结果中,或直接引发某种情绪，或者是被"安"之情绪"判决"，总会有对情感的输出。理性思考能否直接生成"意"尚待研究，思路之一是看本次理性思考或"本轮投射"是不是处于本书猜想46所述之"多轮投射"的过程之中。假设该过程是由"意A"发起关于"他者a"的，如果本次理性思考仍然关于"他者a"，应该不会生成新的"意"；只有当本次理性思考的结果涉及"他者b"且被"零阶自我"关注到，才可能生成新的"意B"同时中止"意A"。如果该次理性思考虽然在上述"多轮投射"之中，却因涉及"生成域"中另一个事物，即另一个"他者C"且被"零阶自我"所关注，就可能发起一个关于"他者C"的新的"意"。但是，在该"生成域"的诸多事物，即诸多"他者"中，"零阶自我"为什么偏偏关注了其中的某个"他者"呢？是好奇、疑惑、思念、兴奋还是失望？这些都是某种情绪，以至于很难设想不是某种情绪的其他因素能够引起"零阶自我"对"他者C"的关注。总之，理性思考似乎总是需要借助某种情绪才能引发"零阶自我"对某个不是"他者A"的他者的关注，从而引发新的"意"。

3. 情感，必定与"他者"相关，故几乎总能唤起"零阶自我"对该"他者"的关注并引发"意"。

4. 回忆，如前所述，是一种可被归类为思考的行为，该次行为过程的"生成域"中的某个事物首先引发了"零阶自我"的某种情绪,且被"零阶自我"关注,从而引发了一个关于该事物的"意"。

综上,有如下猜想:

猜想 50 "意",很可能只缘于情感。因为似乎只有情感才能引发"零阶自我"对某个"他者"的关注。

能够引发"零阶自我"某种情绪,从而被关注的"他者",可能是外部事件的引发者,体现了自我与自己身体及外界的关联;也可能是各类行为过程之"生成域"中某事物的相关者,体现了自我独特的广义经验与经历。

于是,"他者"将如此重要的"情感"带到了我们面前。

第八章 情感、自我、意识

笔者本来想在这里停一下，看看先哲们是怎样论述情感的，但在手头的几本西方哲学专著里却没有找到针对情感的专门论述。遗憾之余，却想起孔子的《论语》开篇第一句"学而时习之，不亦说乎"。难道"情感"在西方历来都不是哲学问题吗？

总要硬着头皮往前走。笔者决定还是沿用分析"意志"的思路看一下，"情"与"感"是否有区别。

汉字"情"与"感"的字形中都有"心"，表明二者都是内在的。但二者相比较，"感"更外在一些，更偏重于内心对外界的感觉、察觉、感知，故更多地对应于英语的 feeling 和 sense；"情"则更内在一些，中国古语有曰："何谓人情？喜、怒、哀、惧、爱、恶、欲，七者弗学而能。"故似乎更多地对应于英语的 emotion。如果说"意"与"志"的关系是由内而外、先"意"而后"志"，那么"情"与"感"的关系则是由外而内、先"感"而后"情"。"感"涉及诸多人体感官及各类信息传递机制,大多是人体生理学的研究对象,故下文论及"情感""感情"时更多偏重于"情"的哲学思考。

作为人类意识的核心现象之一,情感既不同于相对冷静的理性思考,也不同于相对静态的记忆,且因"弗学而能"而无法用认识论的理论解释。海德格尔在《存在与时间》中将情感之一的"畏"(Angst)设定在存在论层面,而将类似的具象情感"怕""焦虑"设定在存在者层面,似乎"畏"比"怕""焦虑"更"本体"一些。但如果以类似思路看其他诸多情绪,如喜、怒、哀、爱、恨、安、疑等,却很难说哪种情绪更"本体"一些。有的学者将"情感和情绪问题解释为个体的'内部状态'"[1],有的学者将情感(emotion)解释为若干细分情绪的状态(state)[2],似乎是一个相对好些的思路。如果将"情感"设定为各种细分情绪的总称,则"情感"可被解释为人的总体精神状态,而将各种细分情绪解释为人的具体精神状态,比如说"我真高兴""他生气了"。这种解释似乎尚可接受,但是否过于笼统?

现代神经生物学已经发现,在神经元之间的信息传递过程中,某些种类的神经递质,如多巴胺、内啡肽

---

[1] 《简明不列颠百科全书》第六卷,"情感"词条,中国大百科全书出版社,1985年6月。
[2] 《牛津哲学词典》,上海外语教育出版社,2000年12月。

等，能激发或平息某些情绪，且这些与神经递质相关之情绪的激烈程度与这些神经递质被其受体所接受的数量成正比。某些神经递质在不同脑区之间的传播链路也被陆续发现，其传播的单向性、不同链路对不同情绪的影响、不同链路对不同脑区所承担之宏观功能的影响，以及在不同人群中的普遍性，正在被陆续验证。这里的"传播"，并不是这些生物化学递质的物理位移，而是位于神经链路所经各神经元的神经递质依次被释放且被受体接收的过程。

基于这些神经生物学的研究进展，循着将情感解释为"状态"的思路，似可有如下猜想：

猜想 51 人或高级生物的"情感"是其整体精神状态的总称，可被细分为若干情绪。某种特定情绪的发生，是基于一种或多种神经递质经由某些既有链路在不同脑区之间的传播，传播链路所经脑区的被激发影响到其他生命子系统从而产生的宏观效果。以关联论观之，情感基于关联。

神经递质的释放显然不可能持久，其释放强度之变化过程显然会影响其所对应的情绪的变化过程。故某些情绪随之表现为一个发生、增强、极致、减弱、消散的过程。在神经递质停止释放以后，情感就不会变化了，稳定在一个状态或一个情绪中，无论该状态与此前是否相同。能够保持稳定的情绪可称为"稳态情绪"，而不能保持稳定的情绪可称为"非稳态情绪"。在喜、怒、哀、爱、恨、畏、安、疑、羞、耻、失望、急躁、焦虑、孤独、担心、好奇、想念等至少十多种情绪中，似乎只有"安"是稳态情绪，其他情绪都不会长时间维持，虽然它们可能会在一段时间内时常发生。若如此，则诸多情绪中除"安"之外都是非稳态情绪。非稳态情绪可能单独发生，也可能复合发生，但其起点都在稳态情绪，其终点也在稳态情绪。

非稳态情绪的种类很多，变化过程可能很复杂，但每一次发生都有其缘由：或发自自身的生理需求，如美食的诱惑；或发自外界刺激，如"吓得我心惊肉跳""美妙的景色令我心旷神怡"；或发自人际交流，如"他把我气得不行"；或发自记忆，"不知他的病好了没有"；或者发自自身的病痛，如"牙疼让我心烦意乱"；或发自自己或他人的行为，如"终于拿到了入职通知，太高兴了！""哦，惜败！太可惜了！"，等等。从中可以看出两点，其一，无论何种原因，都是"我"怎样怎样，各类非稳态情绪都是"我"的状态，或者说都是"自我"的状态；其二，各类情绪都是可描述的，有些像可描述的身体状态，但自己的精神状态与身体状态都是内在感觉，他人只能借助"感同身受"给予理解。

但是会不会有不同于"安"的另一个稳态情绪？虽然看上去不大容易找到。如果还有另一个稳态情绪，则情绪的改变就可能从一个稳态进入另一个不同的稳态。

先换一个思路看稳态情绪。"安"是不是"零阶自我"独有的情绪，或者说，"零阶自我"是不是只有一个状态，就是情绪"安"？情感从非稳态情绪回归到稳态情绪"安"，既可能是主动的意愿，如告诉自己别太兴奋；也可能是不得不这样的结局，如哭累了。回到稳态情绪了，心安了，"一阶自我"是不是就回归到"零阶自我"了？仔细想想也未必，例如笔者现在在电脑上输入这几个字的时候，自我感觉心里很安定，但显然我正在与电脑发生关联。所以，如果稳态情绪"安"是零阶自我所独有的，则一定还有另一种稳态情绪，属于一阶自我，就是那种沉下心来做事的情绪或状态。做事，如前所述，一定是在前额叶脑区的控制下复合了思考与动作的一组行为，一定有一个被"意"指向的"关于什么"的"生成域"。但是又不能说"意"就是那个沉下心来的稳态情绪，因为"意"可能不断地被切换。然而这个情绪似乎又不能与"意"完全无关，或者说不能与那个"关于什么"完全无关，因为如果完全无关，这种情绪就不能被称为"一阶自我"的情绪了。所以需要做出选择：要么稳态情绪"安"是"自我"的情绪，无论是"零阶自我"还是"一阶自我"；要么找到那个与"意"

若即若离的稳态情绪。

再换一个思路，如果说"安"是一种收敛性的情绪，所谓"收敛性"是指降低自我的兴奋程度。那么所有非稳态情绪就都是激发性的情绪，都在提高自我的兴奋程度。但非稳态情绪都是"暂态"的、短时的，而"安"却是"恒态"的、可持久的。在这一点上，诸多非稳态情绪与"安"并不匹配。那么就需要找到一种"恒态"的激发性情绪，能在相当长的时间区段内提高且保持自我的兴奋程度。

欲望，或者弗洛伊德所说的"驱力"（drive），如性爱，能在相当长的时间区段内提高且保持自我的兴奋程度。但"欲望"却被归类于人的生理需求或曰"本能"，而不被归类于情感。

于是，或可将"欲"与"望"拆开，"欲"是本能，剥离出"望"。"望"，表示一种求得良好预期的情绪，作为这种提升自我兴奋程度的稳态情绪。"望"或者"希望"（hope），既可能寄托于短期或长期的生活目标或工作目标，也可能表现在对某些事物持续的兴趣，还可能就是一种简单的探求欲。预期，作为由前额叶主导的某轮投射生成的群体表征，总可以将其基本表征序列看作某种外推序列，无论在实际生活视域里，还是在人生演绎视域里。它既是内生的，又可能体现多重社会历史影响。

上述两大类情绪交替出现，时而提升时而平缓着自我的兴奋程度，推衍着意识的生生不息。

如果再向前走一步，继续探究上述两大类情绪的神经生理学解释呢？于是有如下猜想：

猜想 52 如果能够确定神经元具有寻求与其他神经元进行神经纤维联结的生理本能，或具有寻求向其他神经元投射电化学信号的生理本能，则可用该本能解释能够提高自我之兴奋程度的情绪。同样，如果能够确定神经元具有断开与其他神经元的神经纤维联结的生理本能，或具有终止向其他神经元投射电化学信号的生理本能，则可用该本能解释能够平缓自我之兴奋程度的情绪。

若如此，包含着情绪"望"与"安"的"情感"，就不仅是自我的"状态"了，还是驱动自我变化的"动力"。

但是汉语"望"还有"看"的意思，所以为了避免歧义，或可在一些场合用"希望"取代情绪之"望"。

似乎可以归纳由情感所驱动的人类各种行为的动态过程了。但是且慢。又是"动力"又是"状态"，是不是有些烦琐？如果索性将这些都收归于"自我"呢？或者说，在我们的探究到达这里之时，是不是该把主角"自我"请出来了？

"自我"似乎总是与"意识"（consciousness）有关。

拆分"意"与"识"。"意"固然重要,却没能涵盖"识"(identification)。在生活中,人们从深睡状态醒来时,经常自问"我在哪里?""这是哪儿?"这或许可以被看作"自我"的"自识别"(self-identification)。"自我"以与所处环境的关联,或者说以从梦境到现实环境的切换,来确认自我的所在、意识的苏醒。此时此刻的"意识",只有"识"而没有"意",然后才由我及他,开启某个"意"之过程。可见,在意识的清醒状态开始时,"自我"是最先被识别或确认的,或许胡塞尔因此将"自我"设为其现象学中"在先的"设定。

然而,到了胡塞尔现象学诞生百年以后的今天,将"自我"作为公理设定,说服力似乎已经不够了。于是人们的目光转向神经生物学,希望得到对"自我"的存在给予证实或证否的依据。齐泽克是这样说的:

> 自我恰是没有任何实体性密度的实存物,没有硬核(硬核确保它具有一致性)的实存物。如果我们穿透生物体的皮肤,一层一层地深入观察下去,我们永远不会看到某个核心性的控制因素,永远不会看到它的自我,即在幕后神秘操纵器官的自我。因此说,自我具有的一致性是纯粹虚拟的;仿佛只有从外部(Outside)观看时它才会在界面-屏幕上显现出来它的内部(Inside)。一旦我们穿透界

面，致力于把握"实体性"的自我，把它视为某种"自在之物"，它就会像我们指缝间的沙子一样消失。所以，宣称"真的没有自我"的唯物主义化约主义者（materialist reductionists）是对的，但他们没有抓住问题的关键。在物质现实（包括"内在体验"这一生理现实）的层面上，真的没有自我：自我并非生物体的"内核"，而是界面-效果（surface-effect）。[①]

首先，作为哲学意义上的主体，在"关联论"视域中，"自我"存在于与"他者"的关联中。无关联，不存在。

然后，人对于"自我"的内在体验，既是心理现实（我觉得我是谁，我就是谁，我觉得我在哪里，我就在哪里），又是生理现实（我能自省到自己，我确认自己的每一个动作、每一个想法）。

接下来，人的"自我"处于被第三者研究或观察时，可能以下述形式之一被神经生物学实验所证实：

1. "自我"的实存形态，就是某个脑区的主要功能。需要神经生物学给出这样的证实：在人的绝大部分行为中，这个区域看上去都起到"决策者"的作用，从这里

---

① 齐泽克：《视差之见》，季广茂译。

发出的神经递质，影响大部分脑区。这里与绝大部分脑区有较强的神经联结，且有双向信号投射，等等。笔者认为，有两个脑区获得证实的可能性最大：其一是杏仁核等古老脑区，其二是已被证实控制人类大多数行为（含思考）的前额叶皮层。笔者倾向于前者，理由是：人类的"自我"是在漫长的自然演化中逐渐形成的，前额叶皮层或许过于"年轻"，而且不是神经递质的发源地。

2. "自我"的实存形态，不是某个脑区的静态生理实体，而是一部分或全部神经元之间的动态投射过程中所"生成"的特性或群体表征，与"意义"的生成类似。然而，"自我"作为一个表征，似乎只能由内省验证，很难在第三者的实验系统中被验证，因为后者所能验证的只是那一组投射过程，而"自我之存在"这个表征却只是一个由"意"激发的真实行为而使同时作为观察者的自我所获得的内心确认。简言之，被观察的第三者"自我"只能是观察者自我的内心确认：这事是我做的，"自我"当然存在。

3. "自我"的实存形态，介于上述两种假说之间，即某个特定脑区与其他各脑区之间的动态投射过程中所"生成"的群体表征，而这个特定脑区，就是杏仁核等古老脑区。有些教科书将这个古老脑区称为"边缘系统"，"边缘系统位于脑干中下部的'自主'神经中枢与大脑皮质高级精神活动有关的'思考'区之间。边缘皮质位于大脑皮质各叶的内面，在那里反折的边缘皮质正对着中脑"。①

可能还有其他形态。无论"自我"以何种形态实存，其实存形态的被证实或被验证都至关重要。综上，有以下猜想：

猜想 53 "自我"的存在，虽然被绝大多数人认可，但仍然需要神经科学的证实。"自我"的实存形态，可以被定义在杏仁核等古老脑区，也可以被定义为大量神经元之间的动态投射所生成的群体表征之一，还可以被定义为杏仁核等古老脑区与其他各脑区之间的动态投射所生成的群体表征之一。

笔者倾向于第三种表述。

以下仍将杏仁核等古老脑区简称为"自我所在脑区"。

插页图 5 中的圆弧示意了扣带回及穹窿神经束，被其包含的区域就是边缘系统。杏仁核向下的神经通路是被称为"网状结构"的纵横交错的神经束，联结脑干各部分并向下延伸至脊髓，影响心跳、呼吸及其他重要身体中枢，且含有"网状激动系统"，唤醒并使头脑保持

---

① 《人体》，左焕琛主译。

清醒和警觉。①

可以想见,杏仁核及其所在的古老脑区,在人类进化的漫长年代里一直是控制身体各类行为的中枢。随着新皮质区的逐渐扩展,认知能力逐渐增强,而最新的前额叶皮质区则发展出现代人类特有的高级思维能力及语言能力。在这个进化过程中,杏仁核及其所在的古老脑区的控制功能并未被削弱,反而有所增强,学会了怎样将复杂的行为交由新脑区承担,而自己则只是这些行为的发起者、监控者与终结者。同时可以想见,这个古老脑区从新皮层接收到的复杂信息也在丰富着杏仁核的情感类型,丰富着对新皮层活动的激励模式与控制模式,当然也会发生更复杂的精神类疾病与衰老。如果将古老脑区的所有这些变与不变,都看作"自我"的进化、意识的进化,那么这种观点应该是合理的、可被接受的。

有了实存的"自我"这样一个基点,就可以将"意""情感"等概念统筹于"自我",就可以将控制各类行为的责任归于"自我"。于是有下述猜想:

猜想 54 情感是"自我"的状态,表现为各种细分情绪。其中,"安"是"零阶自我"的稳态情绪,降低并保持"自我"的兴奋程度,搁置此前与"一阶自我"关

---

① 可参阅:《人体》图册。

联的"他者"而回归"零阶自我";"望"是"一阶自我"的稳态情绪,提高并保持"自我"的兴奋程度。"一阶自我"与外在或内在"他者"的关联表现为发出一次或多次指向"关于该他者之什么"的"意",即,"自我"所在脑区向前额叶皮层发出投射,形成"关于该他者之什么"的"生成域"。进而,由前额叶皮层主导发生在"生成域"中多个神经元集团之间的一轮或多轮投射,生成一个或多个"群体表征",且形成各类行为的控制序列或内容序列,交由各相关脑区及下游神经系统执行并监控。该"群体表征"或"生成域"中被投射的某个神经元集团的基础表征或内容序列或该次行为的外在结果,可能维持或改变"自我"的情绪,从而继续或停止该次行为过程。

那个被搁置的"他者",很有可能被记在古老脑区的海马体或海马体旁回及扣带回之中。因此也可以说,被"记在我的心中"。

"自我"也时常会策动一些"小动作",可能并不经由前额叶皮层的复杂运作。如,每个人都有的习惯小动作,可能会哼出一句老歌,令自己都有点莫名其妙,等等。由此可见"自我"既不依赖于新皮层的相对独立性,也在没有新皮层支持时会产生局限性。其实那句老歌的后半句能被哼出来,可能已经有了新皮层的支持。

睡眠中的"自我",会在周期性的快速眼动期内策动我们做梦,在海马体随机携带一个"他者","意"指"该他者的关于什么",在所形成的"生成域"中生成梦境中的环境及各类行为,继而想象行为的后果,且跳跃式地通过切换"他者"从而切换梦境。或许仅仅因为"自我"向下的网状结构处于休眠状态而无法激励身体的大部分部位,故不产生实际动作;而少部分或偶尔被激励的部位则产生了实际动作,如梦话、梦游。同样由于网状结构的休眠使得大部分感觉器官不能上传感觉信号,除非感觉信号强烈到能激活"网状激动系统",使得"自我"离开梦境而进入清醒状态。梦境中的"自我"当然有各种情绪,且可能有逻辑清晰的思考与陈述,并在一定时段内被记住。但是,梦境中"自我"的游历,却不是"自我"设计的,往往会给"自我"带来惊喜或恐惧或其他情绪。这种"游历"之不确定性,正是由"生成域"中投射过程所涉及的神经元集团的不确定性造成的。

虽然投射的不确定性也会在清醒状态下发生,却总能被"自我"所抑制,因为前额叶皮层发起的对投射不确定性所生成结果的判别,会给"自我"发出"不现实"的结论。然而,这种投射不确定性所生成的结果,却很可能是艺术创作的"灵感"之来源。"梦幻般的"艺术感觉,或源于此。

假如"自我"的神经生物学定位能通过实验验证，其被确认的实存将在哲学、神经科学及社会科学中产生深远影响。

在哲学视域中，"自我"作为"在先的"设定，会因此遭遇较少的质疑，从而在一些理论体系中被设为公理或前提。但同时，"自我"仅仅在生物学意义上的实存，并不能推论出"自我"的同一性与一致性，因为以关联论观之，"自我"仍然存在于与"他者"的关联，会依"他者"的不同而表现为不同的"一阶自我"甚至"二阶自我"。另外，"自我"的实存，可能为几个古老的哲学论辩增加一些新意：

1. 身心二元。这里不谈"灵魂不灭"。大概由笛卡尔开始，关于"身心二元"的论辩延续至今。现在，如果作为"心"之根本的"自我"都有了生物学定位，那么"心"还有作为独立的一元的资格吗？当然有。例如人在走路时想事情，想事情的"自我"并没有关注处于动作过程中的身体，"心"与"身"就是二元。但此人忽然看见了前面的障碍物，"心"转而去指挥抬腿的动作，"心"与"身"融为一体。但是在纯思辨的过程中，"身"虽然起到生理支撑的作用但并未直接参与，故被认为丧失了作为独立的一元资格。然而如今"自我"有了神经生物学定位，作为纯思辨的发起者，难道不是"身"的一部分吗？无论"自我"发起了什么样的行为，总是身心融合的一元，同时又可以在某种视域中将二者分开，既没有"身一元"也没有"心一元"。"身心二元"的论辩似乎可以结束了。

2. 唯物主义与唯心主义。这里不谈二者的政治意义。如上，作为"心"之根本的"自我"都有了神经生物学定位，唯物主义者应该满意了，可以得胜班师了。但是且慢，唯心主义者仍然在争辩：即使最先进的神经生物学仪器也只能验证神经元之间的投射过程，那些唯物主义者并不否认的"意义""形式""本质"，甚至包括"自我"并没有被观测到，它们依旧作为依存于这些物理关联的"群体表征"。况且，就连唯物主义信条"物质是第一性的，精神是第二性的"之"意义"（注意，不是文字或语音或图像），都不能以任何"物质"形式被观测到，唯物主义者们不觉得尴尬吗？当然，"自我"的神经生物学定位确实削弱了极端唯心主义的立论依据。双方的论辩还会继续，但如果二者都能接受精神的不可还原性，群体表征之不可还原性，似乎他们也可以握手言和了。

在神经科学视域中，"自我"有了被验证的神经生物学定位，应该能据此为迄今仍然众说纷纭的重要概念"意识"做出定义了。故有如下猜想式定义：

猜想 55 意识（consciousness）是"自我"所在脑区

与其他脑区的动态关联所生成的各类特性、现象、功能的总称。

据此,当"自我"所在脑区与新皮层各脑区及身体感觉系统建立了稳定的动态关联之时,正常人会处于清醒状态。此时,"自我"既是意识的各类特性之一而被意识到,又可发起各类主动行为,拥有作为"主体"的心理感觉。

在梦境中,"自我"所在脑区与身体大部分感觉系统失去了动态关联,但仍与部分脑区发生动态关联,故有部分意识。在麻醉或深睡状态下,"自我"所在脑区与自身的全部或部分脑区及感觉系统失去了动态关联,处于无意识状态或发生部分意识的过程中。

故可有如下推论:

由猜想53、猜想55生出推论11:自我与意识同在,且统御意识。

这个有神经科学背景的猜想式推论恰与黑格尔的纯思辨名句"于是意识就是自我意识"[1]暗合。

---

[1] 黑格尔:《精神现象学》。摘自邓晓芒:《从宋明道学与西方形而上学之别看中西文化分野》,《探索与争鸣》,2023年第9期。

本书的猜想 9 可并入猜想 55，形成以下猜想。

猜想 56 下意识（subconsciousness）是自我所在脑区没有参与的、各脑区之间及各脑区与神经系统之间的动态关联所生成的各类特性、现象、功能的总称。

很多下意识功能的生成是相关脑区训练的结果，即对此前在"自我"参与的状态下所实现的相同功能的记忆。有些下意识状态可与意识状态随时切换，这取决于自我的介入或退出。

近年来，意识科学飞速发展，其研究侧重正在从寻找意识的神经相关物向意识理论（theories of consciousness）转移。意识理论"侧重于鉴别意识特征与神经机理之间的解释性联系"[1]，而获得被实验验证的意识理论，成为意识科学的主要目标。虽然目前有数十种意识理论，但大都在创立初期，只能解释部分意识特征，在精确性、全面性、可测量性等方面尚存明显不足。[2]

本书建议一种意识理论，称为"关联论"（connec-

---

[1]《意识理论综述：众多竞争的意识理论如何关联？》，译者：李路凯、陈思信，微信公众号《集智俱乐部》，2022 年 7 月 20 日。
[2] 可参阅上文。文中收集了 22 种意识理论，分析了其中 4 种有较大影响者及相关实验研究。

tionism），要点如下：

1. 关联论的意识理论，基于脑神经元之间的三种关联类型：构成性关联、生成性关联，以及视域性关联。其中：

（1）构成性关联指神经元之间的既有静态联结网络，该网络体现着主体的个体性、社会性与历史性。

（2）生成性关联指神经元之间、神经元集团之间的电化学信号投射，该动态过程以神经元集团的"基础表征"序列，以及"群体表征"的方式生成各类意识现象及意识功能。

（3）视域性关联指这样一些神经元集团的被关联，其在由"自我"发起的关于某事物的思考过程或行为过程中可能被涉及，形成一个临时的、边界模糊的"生成域"，生成性关联在其中发生。

2. 关联论试图解释如下意识现象及意识功能，以及其发生或建立过程：

（1）意义。一个语词或概念的意义生于由记忆着该语词读音的神经元簇、记忆着该文字字形的神经元簇、与第一个被联结的神经元簇或神经元集团之间的生成性关联。这三个（或其中两个）基础表征关联而成的群体表征，即为该语词的意义。随着该联结的巩固与拓展，逐渐形成一个含有"根节点"的神经元集团，其基础表征即为该语词的语义。根节点可能位于缘上回、角回所在的联合脑区。语句的意义生于由多个其基础表征为语词语义的神经元集团之间的生成性关联。这些由基础表征关联而成的群体表征，即为该语句的意义。类似地，可解释图像、图形，以及非具象性语词的意义，且进而解释综合性场景的意义。

（2）自我。"自我"的实存形态，是杏仁核等古老脑区与新皮层各脑区之间的动态投射所生成的群体表征。

（3）情感。情感是自我的状态，由多种情绪组成。其中，稳态情绪"安"降低并保持自我的兴奋程度，稳态情绪"望"提高并保持自我的兴奋程度，其余情绪皆为非稳态情绪，且皆提高自我的兴奋程度。非稳态情绪的发生，源于非自我所在脑区的其他脑区（含周围神经）的信息投射，其表征为他者与自我的关联。但促使情绪"望"稳定发生的他者此前被记在古老脑区中的某处。

（4）行为（含思考）。一个行为过程的要点如下：

①行为，被某种情绪所激励的、源于自我的兴奋程度。于是自我向前额叶皮层投射信号，且带有与引发该情绪的他者的某事物信息，被称为指向该事物的"意"。

②指征该事物的神经元集团及与其有神经联结的其他神经元集团构成"生成域"。

③前额叶皮层主导在生成域中的一轮或多轮投射，每一轮投射形成一个由各被投射神经元集团之基础表征组成的序列。

④该序列在思考类行为中即为思考的内容序列，其

群体表征则是相较于基础表征的高级表征；该序列在动作类行为中即为指令序列，其群体表征则是诸如"计划""路径"之类的高级表征。

⑤在简单情形下，动作类行为立即开始执行，前额叶皮层将指令序列发送至额叶运动皮层区的相关脑区，该脑区经由基底核、小脑向相应肌肉群发送动作指令，小脑监控动作执行。各脑区生成的细分指令序列均为此前经"训练"所形成的记忆。

⑥在含有内容的情形下，前额叶皮层将内容序列发送至相关脑区。

⑦如果某一轮投射引起了自我的情绪改变，则可能结束本次行为过程，也可能生成新的"意"，开始下一个行为过程。

⑧行为过程可能被外界事物中断，各脑区的"断点"保持记忆，自我在短时转移关注后可能回来继续该过程。

（5）交互。人类意识中的交互类行为，发生在作为主体的"自我""他者"与可能的第三方之间。生成域的构成与双方或三方之间的相对关系有关。在一次交互类行为最初的"生成域"保持不变的过程中，"意"的指向可能发生串行切换，且可能并行发生主体的动作类行为与思考类行为，直至"生成域"被"自我"切换。

（6）记忆。[①] 记忆，无论是内容记忆还是动作记忆，都是行为过程的伴生效果。一个记忆与被伴生的一次行为同构，即与构成该行为的基础表征序列基于同一组神经元集团的联结。

3. 关联论的意识理论所建议的"意识"定义：意识是"自我"所在脑区与其他脑区的动态关联所生成的各类特性、现象、功能的总称。

关联论的意识理论与现有其他意识理论的关系，以及关于可测量性的思考等内容，另文阐述。

至此，由"自我"之情绪变化引发的、"意"之指向的那个"关于他者之什么"的"生成域"，以及发生在生成域中的一轮或多轮投射所生成的基础表征序列和群体表征，已经可以初步解释意识的各种主动行为，包括：陈述、思考、动作、交互、梦、各类直觉及想象，已经涵盖了经验与记忆，从而体现出"自我"作为主体的个体性、社会性及历史性。单一模型、简单的动态及静态模式，或可说是关联论作为意识理论的一个特点，笔者希望能够由此而简化本就庞杂的实验验证，或许还能进而为意识构造明晰的数学模型。

[①] 此处应该用"记"，不含"忆"。理由已有前述："忆"与"记"不同，是思考类行为中的一种。此处沿用"记忆"是尊重习惯用法。

在社会科学视域中,"自我"有了被验证的神经生物学定位,或许能以新的视角看一些重要概念。如,自由。

先看霍布斯在《利维坦》中为"自由"给出的定义:

> 自由,即阻碍的不在或缺失。

根据上文对人类行为过程的解释,由"自我"发起的、指向"关于他者的什么"的"意",即自我所在脑区与前额叶脑区的第一次投射,是没有阻碍的,不受此时刚刚成为"一阶自我"的身份所约束,因而是自由的。

但接下来就不好说了。因为,这个"关于他者的什么"所在的"生成域"中,很可能含有这样的事物,即与自我的身份有或近或远的关联,从而为随后发生在"生成域"中的投射结果带来与身份相关的结果,使其后续行为或受限于物理条件,或受限于社会约束,等等。

所以,"意志"两字中的"意"自由,"志"受限;"意愿"两字中的"意"自由,"愿"受限,等等。所谓"自由意志"(free will),大约只有前面的一半是自由的。同理,情绪"望"也是自由的,毕竟只是远望、希望,还没到愿望。

继而深究"自由"的词类,例如说"思维活动是自由的","自由"作为形容词被使用;如果说"自由地思维","自由"则被作为副词使用。但无论是形容词还是副词,

"自由"均作为一个静态的概念被使用。在霍布斯的上述定义中,"自由"是一个名词,也可以被作为一个静态的概念使用。但他定义自由的关键词"不在或缺失"虽然作为名词使用,却有明显的动词性质,其英语原词 absence 的前缀 ab–源自拉丁语词根 apo–,有"离开、分离"的意思,也有动词性质。这就使"自由"有了动态过程的意味。

"自由"不仅覆盖了各种词类,更重要的是,霍布斯之定义实际上是一个否定句的判断句式:"没有阻碍"或"阻碍不在"。参考本书的猜想 11,霍布斯定义中的这个阻碍之"无",就意味着多种可能性。这就使得数百年来关于"自由"的引申定义层出不穷、莫衷一是。

既然霍布斯定义中的"阻碍之无"意味着"可能却尚未建立的关联",是不是可以索性将"零阶自我"与"他者"建立的可能的关联定义为自由呢?

"零阶自我"可能与任意"他者"建立关联,意味着:"零阶自我"可以任意地是其所是、任意地在其所在、任意地有其所有、任意地做其所做,条件是"零阶自我"与任意"他者"建立关联是可能的。一旦"零阶自我"与某个"他者"建立了关联,"零阶自我"开始转变为"一阶自我",该可能性即可能付诸实现,"自由"亦可能付诸实现。既然该关联与"自由"同时付诸实现,再考虑到该关联的任意性,故似乎可以索性将"自由"定义为这些可能的关联,从而避开了霍布斯的否定式定义。

第八章　情感、自我、意识

但是，将自由定义为若干可能的关联，却未能增加多少确定性，与历史上诸多对"自由"的定义相比较，例如贡斯当在 1819 年将自由定义为若干权利，[①] 只是多了一些哲学味道而已。

再看一下汉语语境里"自由"的出处。

汉语"自由"一词与英文 liberty、freedom 相对应是 19 世纪与 20 世纪之交的事情，但据说"自由"一词最早见于公元 2 世纪郑玄对《礼记》某句的注释："不见尊者，行自由，不为容也。"意思是：如果没见到尊者，自己的行为可以随便一些，不必恭敬而郑重。[②] 自己的行为自己做主，不必遵循礼仪。故中国古语"自由"的意思就是由着自己，"由自"，由自不由他，不受他者（他人、礼仪、制度等）之束缚。在汉语语境里，"自由"变成了一个短语，虽然仍然可以作为形容词、副词修饰其他语句，但其内涵却丰富了许多。"由自"、由着自己，由着自己的什么呢？当然是意愿、愿望、意志，等等。于是，古汉语语境下的"自由"，竟然大致等同于现代英语语境下的"自由意志"（free will），当然只是在

---

① 贡斯当：《古代人的自由与现代人的自由之比较》。中译文引自：斯蒂芬·马塞多，《自由主义美德》，马万利译，译林出版社，2010 年。
② 陈静：《自由的含义》，《哲学研究》2012 年第 11 期。

哲学意义上。

如前所述,人的意愿、愿望、意志等,至少在发起时是自由的,而"自我"所在的古老脑区与新脑区之间的诸种可能的关联,就是"自由意志"的初级可选空间。继而,当关联建立,人们开始思考时,可能性空间随即缩小,自由度随之缩小。然后,将思考结果付诸行动时,可能空间进一步缩小,自由度最小。

综上,有如下猜想:

猜想 57 自由,体现在自我与任意他者之间可能却尚未建立的关联之中。其中,自我发起的"意"即"想到"的可能性最多,故自由度最大;随后的思考过程的可能性减少,故自由度降低;付诸行动时的可能性进一步减少,故自由度最小。

由此看来,"自由"涵盖了人类之所想、所思、所做的全部可能性。足见其作为政治哲学核心概念的重要性。

如果继续分析,在思考过程中,如果是自愿减少可能性、降低自由度的,就涉及康德的"道德律";而在付诸行动时如果被外力所限,就可能涉及以赛亚·伯林的"消极自由"与"积极自由"。至此已经进入道德哲学与政治哲学的论域,也就不继续展开了。

余 论

至此,在以"关联"的视角探究了存在、意义、真、时空、意、情感、意识等哲学问题和神经科学问题以后,这本小书似乎可以收尾了。"关联",看上去确实无处不在。笔者似乎应该满意了。然而,"关联"的视域有边界吗?

齐泽克曾有意将"自我"存在于"界面-效果"的思路拓展至生命:"你不能说生命——得以自我制造所需的前提条件——就在这个分子中,在基因中,在分子膜中,或在蛋白质中。生命处于配置之中,处于动态模式之中,它使自己化身为突然出现的特性。"[1]这里的"突然出现"即为"涌现"或本文中的"生成"。

与"自我"概念意指纯意识相比较,"生命"概念则复杂得多,涵盖面也大得多、深得多,从一个视域中"抽象"出来的"生命本质"恐难以适应其他视域。这

---

[1] 齐泽克在《视差之见》中的引述。

有些像另一个复杂概念"世界",或可说生命本身就是某个视域中的世界。在这个意义上,仅将生命视为"特性",将其处于"配置"之中、"动态模式"之中,似乎不很贴切。故若依据该陈述做出"生命基于关联"的陈述,亦显不妥。

虽然,在生命现象的各个层级中,从底层的基因到顶级的意识,处处有关联;在神经科学视域的顶层概念中,如"自我""意义",几乎都可以做出其"基于关联"的猜想。但即便如此,"生命基于关联"的陈述虽能显示出"关联"作为哲学概念的普遍性,却仍然显得过于笼统,大而失当。

所以,似应将"关联论"的分析对象限制在纯哲学视域中,即使扩充到物理世界、化学世界、生物世界与人类世界,也应限制在各自领域里的一些"元概念"及"元理论"中。笔者揣测,由"生成性"关联引发的、类似神经科学中由众多"基础表征"生成的"群体表征",在神经科学之外的诸多学科中都应该能找到类似的例证,例如诸多水分子生成的溶剂特性。而这种"群体表征"或许正是诸多世界内部的层级之间由下而上之"跃升"的关键特性。围绕这些"群体表征",或许能在诸多世界(包括人类世界)中提炼出自己的"元概念"。当然,这些都是后话了。

回过头来仔细想,在主谓结构的语句中,所有动词与系动词均起到连接主语与宾语的作用,都是哲学意义上的"关联";在包容更广的对语结构的语句中,无论有没有动词,对语之"对"都是"关联";在多语句中,句与句之间、词与词之间的"对"也是关联;在语句的字面意义与隐喻意义之间的暗合亦为关联。在这个意义上,"关联"无处不在,无所不在。但同时,关联既不在主语处也不在宾语处,既不在"对"之一端也不在另一端,既不在字面意义中也不在隐喻中。在这个意义上,"关联"无所在、无所是、无所有。故有以下猜想:

猜想 58 无所不在的关联,无所在、无所是、无所有。

该猜想或可为关联论的理论思考划出边界。

但似乎有一个且仅有一个例外:"存在即关联。"故而,只有"存在"才可以既无所不在,又无所在、无所是、无所有。

由猜想 6、猜想 58 生出推论 12:无所不在的存在,无所在、无所是、无所有。

关联论,只是一种看问题的视角或思路,而不是一套严整的理念体系。即便能从关联视角看到某些难题的破解之道,"道"也不是"解"。例如,即使认可"存在即关联",存在依旧还是存在,而不是另外一套什么;再如,尽管有关各方被"关联"于某个构境,也不会将关联视为高于或先于各方而具有"不可超越性"。梅亚苏曾批评持守此类"不可超越性"的"相关主义"(corré lationisme)。[①] 其实 correlationism 也是本书"关联论"英语译名的选项,而且这个译名看上去比另一个选项 connectionism 的哲学味道更浓一些。但为了避免误解,本书还是选用了后者,宁可"拙"一点。

关联论以关联的视角或思路看问题似乎过于简单,以至"羞于"在哲学方法论中与"辩证法""现象学"等为伍,亦似乎难以被现有的哲学分类所"归位"。但是在"思路"的意义上,笔者希望它能被归入老子之"道",期待进而在丰富多彩的汉语哲学园地有更多的耕耘与收获。孙周兴很早就同意安乐哲等人的说法,将汉语哲学视为"关联性思维",[②] 而且他还曾给海德格尔创造的一个很难翻译的词 Ereignis(正式译名为"本有")以另一个译名:"大道"。

---

① 梅亚苏:《有限性之后:论偶然性的必然性》,吴燕译,河南大学出版社,2018 年 3 月。
② 孙周兴:《存在与超越:海德格尔与汉语哲学》,商务印书馆,2019 年。

然而"关联性思维"却是作为汉语哲学的负面特点在与西语哲学比较时被提出的。确实，在作为西语哲学基石的主谓结构语句中，主词所体现的专一及严谨、谓词所展现的超越可见现实的形式范畴体系，都是中国先哲所欠缺的。但也许正因如此，"存在"（古希腊语 on）经由系动词"是"（古希腊语 einai，on 的词根）一直作为一种形式范畴而存在于谓词之中，从而造成以"存在者"解释"存在"的千古困局。敏锐的康德试图将"存在"从谓词中摘出来，却又无处安顿之。而汉语"对语结构"的哲学意义在于，每一组相对的语词构成了一个语境，一个"境域"，两个或多个事物被关联在一起，由关联之"意"生出词组或语句或想法之"义"。主谓结构只是对语结构的多种形式之一。"A=A"与"A 者 A 也"等效，而后者并没有系动词。西语先哲关注于前后两个 A，而中国先哲则关注于将两个 A 关联在一起，关注的是"者也"，或中间的"="。表象虽不同，意义可相通；意义虽可通，境域却不同。存在即关联。"存在"在汉语的对语结构中找到了栖身之所。如果说西语哲学对于可见现实的超越性体现在其形式范畴体系，那么汉语哲学对于可见现实的超越性则体现在关联之"道"。

这里没有谁比谁更高明的意思。毕竟，不同的境域，不可比。

发起"构造""境域"的"意向性"是西语哲学之

现象学的概念。或许,胡塞尔的这个带有向度的"意",能与老子之"道"在某处相融。"某处"何处?在于海德格尔那神秘的"本有/大道"?未必。希望"关联"能带来新的思路。

再回到本书开篇处定义的"可验证关联"。

希望某一天,神经生物学家能给出一幅幅人类神经元系统的动态关联图谱,以解释各种思维活动的实时过程,其中能看到诸多神经元之间那些指向明确的信号传输瞬间,且以此验证或否证本书的若干猜想。

希望某一天,实验物理学家能验证卡洛·罗韦利的理论:"我们发现,物质实相的核心不是粒子,而是关系。每个物体的定义都来自与其他物体相互作用的方式。因此,当它没有互动时,它就不存在。一个物体就是它影响周围其他物体的方式的集合——一个物体的存在是由其他物体映射出来的。"[①]

在现代科学飞速发展的今天,很多传统的哲学问题都有了被广泛认可的解释,每一个解释都是一套清晰且相对严整的陈述,且时有更新。尚待解决的更多的问题,例如本书的一些猜想,假以时日,相信也能得到解

[①] 迈克尔·布鲁克斯:《卡洛·罗韦利谈关系性量子力学》,英国《新科学家》2022年10月10日,《参考消息》转载,耿凌楠编辑,新华通讯社,2022年11月9日。

释。那么哲学将要因此而逐渐消亡吗？不会。因为哲学从来就是要在那些看不清楚的地方找到问题，并给出解决问题之思路，而想不清楚的问题应该与能想清楚的问题一样，会越来越多的。

今后，如果笔者有机会向学界的老师们请教，或可用更规范的学术话语对同一主题重新铺陈更缜密更深入的思考。也可以在以下几个方向上继续延伸。

道德哲学、社会学、政治哲学方向。以当代社会生活为背景，继续探究"一阶自我""二阶自我"与"他者"的复杂关联；尝试以"认可"为基石描述人与人之间的道德关系、社会关系与政治关系，探讨东西方之"认可"方式的异同；在"政府、社会、个人"的三层架构中增加一个"内心"层级，描述主要社会制度在该架构中的关联图谱；以关联的视角探究自由与秩序、平等与效率、民主与专制、不同价值体系的和平共存等古老而严峻的难题，等等。

哲学与神经科学的交叉领域。

既有实证研究的理论思考。

历史哲学、美学、科技哲学等方向中少量笔者感兴趣的问题。

纯哲学中，怎样解释"变"？看看"事件"能否提供一个思路。那么就以对"事件"的如下猜想式定义，作为本书的开放式结尾吧：

猜想 59 事物间关联的变化，可被定义为事件（event）。这里的"变化"主要指事物间关联的建立/构成、断开/归隐、关联性质的突变。

继续读书，看山，写笔记……

鸣谢[①]

在这本小书即将付梓之际,我要特别感谢引导我的学思的老师们,特别感谢支持我的学业的朋友和亲人们。

现代哲学的话语体系是由西方先哲们定义的。同样,现代前沿科学与先进技术的话语体系也是由西方学者与专家们定义的。我在技术工作中经常直接使用英语文档,以至于在开始学习哲学时曾担心自己不谙德语能否深入理解诸多经典。不过,这种担心随着学习的深入逐渐消失了,特别是在细读并摘记了倪梁康老师的《胡塞尔现象学概念通释》之后。虽然我至今不敢说自己对西方哲学经典的理解有多么深入,但我相信,在我每每思考哲学问题的"境域"中,一定闪现着这些西方经典之汉语译本所体现出的理念及概念的缕缕印记。在此,衷心感谢汉语哲学学界,特别是汉语现象学学界的老师

[①] 如需进一步交流,请发送电子邮件至作者邮箱:lun-guan-lian@163.com。

们，同时致敬那些撰写经典哲学原著的大师们！

我还要感谢中国科学技术出版社秦德继社长、申永刚副总编辑对我的信任与鼓励，感谢各位编辑的辛勤工作。有了你们的支持，我才从神经生物学视角展开探究。

衷心感谢中国社会科学院哲学研究所吴尚民老师、罗嘉昌老师，你们对我初涉哲学思考的鼓励、对这本小书初稿的指点，我将久铭于心。

最后感谢我的朋友们和家人。这本小书献给你们，作为你我心中交织的那些绵绵絮语。

2024 年 5 月 7 日
于北京家中